I0136191

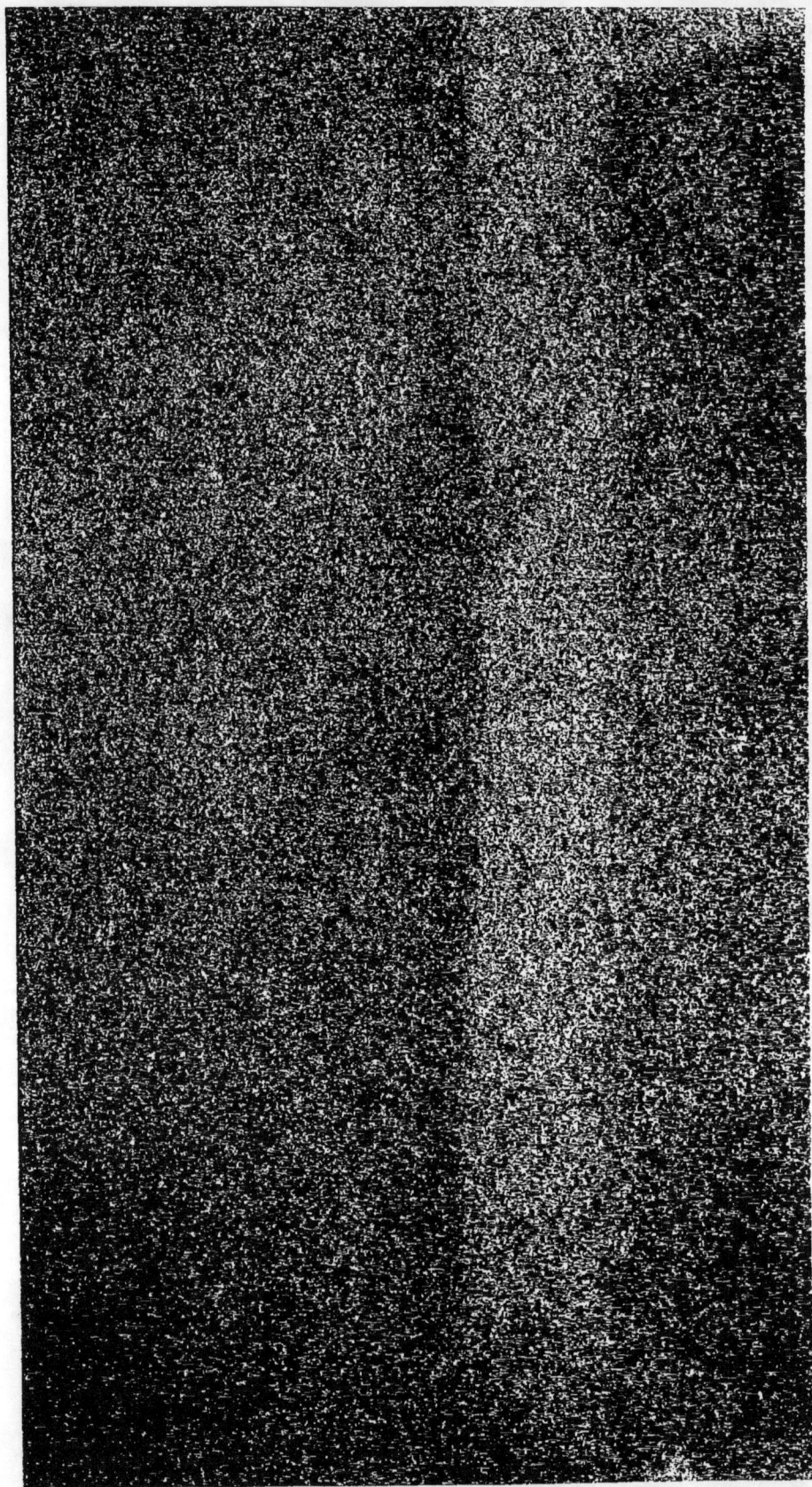

Ratio cum sensu Ars fit
et Judicium

# L'ESPRIT

## DE L'ART

## *MUSICAL,*

### OU

### REFLEXIONS

## *SUR LA MUSIQUE,*

ET SES DIFFÉRENTES PARTIES

*Par C. H. BLAINVILLE.*

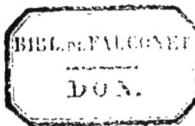

*V. 2675.*

## A GENÊVE.

## M. DCC. LIV.

## AVERTISSEMENT.

CEt écrit, qui eſt le fruit de douze à quinze années d'études, & de réflexions ſur mon art, ne peut être pris que comme l'eſquiſſe d'un Ouvrage, pour lequel, ſi j'en avois la capacité, il me faudroit encore autant d'autres années, pour le traiter dans toute ſon étendue. Cet eſſai purement didactique, ne ſera pas pris, à coup ſûr, pour une piece d'Eloquence ; ce n'eſt, tout au plus, qu'un petit terrein ſauvage. S'il s'y rencontre quelques fleurs, c'eſt que la nature les y aura fait naître comme par hazard. Pour-

# AVERTISSEMENT.

vu qu'on le juge écrit par un Muficien, c'eft tout ce que je dé-
fire.

# L'ESPRIT

## DE L'ART
### *MUSICAL.*

### *DE LA VOIX.*

UNE Nation dont la Langue
n'occasionneroit aucun défaut,
soit de sifflemens ou de pesan-
teur, du nez ou de la gorge ;
cette Nation, dis-je, fourniroit
aisément de belles Voix, & en
différentes fortes. Cette voix naturelle, que nous supposons pouvoir parcourir une octave & de-
mie au moins d'étendue par des
sons également suivis, donnés

purement du gosier, sans aigre ni gras, ni trop de force de poulmons, seroit ce qu'on appelle une voix sonore, propre aux différentes inflexions que demande le goût & le brillant du chant.

Une Nation dont le Théâtre Drammatique seroit reconnu de toute l'Europe comme l'école de la belle déclamation, ne pourroit qu'avoir une langue propre au chant musical.

Les François peuvent donc avoir une Musique, à moins que, par une maladie singuliere, il ne nous arrivât de devenir sourds & muets ; je n'y vois pas d'autre empêchement.

En vain on nous vantera les avantages de la Langue Italienne : s'il n'est question que d'en venir aux comparaisons, cette Langue

n'a-t'elle pas des *o* qui valent bien
nos *e* muets ? Qu'eſt-ce que c'eſt
que leurs *u* , le *z* , *gn* , *ci* , &c.
toutes prononciations qu'un François ne pourroit acquérir , que par
un exercice auſſi pénible que ridicule ?

Chaque Langue a ſes incon-
véniens ; l'imagination ſemble-
roit ſuffire pour compoſer de la
Muſique Italienne : mais pour en
compoſer de la Françoiſe , il faut
y joindre un goût exquis. Pré-
ventions à part de la Langue , on
ne peut diſputer à la Nation Françoiſe d'avoir de très-belles voix
en tous genres , au moins en ce
qui regarde les voix naturelles ;
car pour les voix factices, nous ne
les adoptons pas ſur nos Théâtres.
Ces ſortes de voix ont leurs beautés ; mais ce ne ſont jamais que

des singes de la belle nature ; &
pour peu qu'on oublie l'illusion
de trois ou quatre octaves, & de
tous leurs tours de passe-passe, on
ne s'accommode pas aisément
d'un son de fausset dans le haut,
de gorge dans le médion, & de
creux de la poitrine dans le bas ;
non plus que de leurs cadences,
qui ne sont, à le bien prendre,
qu'un chevrottement précipité.

On sçait que chaque siecle fournit quelques chanteurs en ce
genre, dont les talens sçavent
pallier ces défauts ; mais peut-on
croire qu'une voix seule puisse
suppléer aux différentes especes
que nous employons, & dont à
peine les Italiens ont idée ? Nous
fera-t'on croire, dis-je, que Jules
Cesar, Empereur Romain, puisse
chanter comme un Enfant de
Chœur ?

On peut diftinguer la Mufique en trois genres.

*Genere*    *Harmonico.*
           *Sonabile.*
           *Cantabile.*

## GENERE HARMONICO.

LE *genre Harmonique* confifte dans un ordre fymétrique de fons foutenus d'une forte de chant dans toutes les parties, fans qu'il y ait cependant un caractere bien particulier ; c'eft ce qu'on appelle le vieux ftyle. Ces fortes de Mufique ne font pas fans mérite ; fi elles ne remuent pas l'ame, au moins lui procurent-t'elles un fentiment de repos, d'admiration qui lui plaît. Ce genre ne doit pas être rejetté ; la difficulté confifte à l'employer à propos, comme le début du *Concerto di Natale de Corelli* ; les *Tems font arrivés*, dans les *Elémens* ; le début du *Stabat de Pergolèse*, &c. chef-d'œuvres en ce genre, d'autant plus précieux qu'ils empruntent peu le *Cantabilé*, & aucunement le *Sonabile*.

Comme ces morceaux font voifins de ce que nous appellons *Sommeil*, un Muficien, s'il employe ce genre, fe garde bien de s'y trop arrêter. L'art de ces morceaux confifte dans le choix des cordes, dont le paffage velouté & moëlleux imprime un fentiment grave & majeftueux ; ce font de ces converfations philofophiques qui auroient été propres autrefois à l'Aréopage d'Athenes, & dont à préfent nous ne voulons que des lueurs passageres.

Notre ancienne Ecole dominoit en ce genre préférablement aux deux autres, dans lesquels cependant elle avoit quelquefois d'heureux instans ; mais néanmoins le genre Harmonique l'emportoit : il n'est, pour s'en convaincre, que de comparer Corelly à Tartini, Lully à R***, la Lande à M**. Je laisse à décider ce qu'on y a gagné. Passons au *Genere Sonabile.*

---

## GENERÉ SONABILE.

L E *Genere Sonabile* consiste dans une volubilité de nottes, qui portant tout-à-coup à l'imagination, nous éveille, nous anime & nous

égaye. Ce genre nous amuſe ſouvent, quoique le Compoſiteur ne
ſe ſoit propoſé aucune peinture,
ni aucun caractere particulier ;
tels ſont beaucoup de concerts
de *Vivaldi* & de *Locatelli* , &
tant de ſymphonies, trios, ou-
vertures ; ſortes de muſique qui
ne conſiſtent le plus ſouvent que
dans une rapidité de notes bien
entendues dans toutes les parties.

Ce jeu, ce mouvement nous
plaît, nous amuſe, par la ſeule
idée de gayeté & d'effet qu'il
nous préſente.

Mais, combien auſſi de ces
ſortes de Muſique, où il n'entre
aucune trace des autres genres ;
où l'ordre des ſons n'étant pas
même obſervé, ne font que du
bruit, & moins encore ?

Le *Genere Sonabile* eſt, ſi l'on

peut dire, trop fluet, trop mince
de sa nature ; c'est ce que l'on
peut appeller les enfantillages de
la Musique : on diroit que ce sont
des enfans qui folâtrent les uns
après les autres, des écoliers qui
sortent de classe , un peuple
amassé qui crie tumultueusement ;
enfin c'est un bruit musical , qui
sert à animer les deux autres genres , à les mettre en mouvement ;
& lorsqu'il est employé avec génie, il fait peinture à son tour,
ou du moins il rend les deux autres genres plus intéressans, il en
fait le clair obscur.

Les morceaux du *genere sona-*
*bile* qui se ressentent d'une teinte
des deux autres, qui ont un caractere , un objet particulier ,
sont très-satisfaisans à entendre ;
tels sont le Printems de *Vivaldi*,

le feul début paroît annoncer un
ciel calme & ferein, tout femble
renaître dans la nature ; les oi-
feaux voltigent dans les airs, tout
retentit de leurs ramages; les Bergers accourent, & danfent avec
les Bergeres au fon de leurs mu-
fettes ; tout y refpire les plaifirs champêtres qu'annonce cette
riante faifon. Dans les autres fai-
fons, avec d'auffi heureufes penfées, le Muficien s'y montre toujours un habile peintre; au moins
c'eft ce que nous avons de mieux
jufqu'ici en ce genre. Le *Concerto*
de Paques de *Tartini* eft auffi fort
heureux, ce font des penfées vives & délicates qui infpirent une
joie fage, & répondent très-bien
à l'intention qu'on donne à l'Auteur. Quelques trios de *Martini*,
*Locatelli*, *Bezzoffi*, valent bien

encore qu'on y fasse attention :
*Quando sonara tromba, vo sol-*
*cando*, &c. Un nombre immense,
( si l'on peut dire ) d'Ariettes Italiennes, offrent tout ce que l'on
peut entendre de plus brillant.

Autant la Musique Françoise
est éloignée de ce genre, autant
l'Italienne sçait s'en servir avanta-
geusement, & on peut dire que
c'est-là proprement le caracté-
ristique de leur musique. C'est un
genre qui ne manque jamais de
plaire, lorsqu'il est nourri, & en-
nobli des deux autres ; c'est une
jolie coquette toujours sédui-
sante.

Nous allons voir si nous lui pré-
férerons une femme naïve & aimable.

---

### *GENERE CANTABILE.*

CE genre, ou le chant proprement dit, eſt le premier cri de la
nature, c'eſt la ſouche de tout
l'art Muſical. L'homme chante
même en parlant, de-là naît la
Muſique. Les Paſtres, nos premiers peres, vouloient danſer ; ils
prirent une flute, un chalumeau,
ils jouerent des airs.

Dans leurs nôces, dans leurs
feſtins, dans les ſacrifices, ils pen-
ſerent à animer les paroles conſa-
crées à leurs Fêtes ; & ils chan-
terent, inſpirés par le ſeul inſ-
tinct. Le chant eſt donc le genre
ſupérieur en Muſique, puiſque
c'eſt le premier ſentiment dont
les hommes ont été inſpirés, &

auquel la Musique doit son origine.

Ce genre ajoute à la parole,
anime les mouvemens des paffions, soit de joie ou de tristesse,
de crainte ou de fureur, &c. Il
sert encore à exprimer les images
de ce qui se passe au dehors de
nous, comme ramages d'oiseaux,
tempête, bruit de guerre, &c.
En un mot, le chant dont le caractere est pris dans la nature,
est le coup de pinçeau qui exprime toutes ces diverses choses.

L'art de ce genre consiste à
sçavoir employer avec une valeur
mesurée, les différens intervalles
de 3$^e$, 4$^e$, 5$^e$, & de tons & de
demi-tons, & d'en former une
suite de modulations ou modes
propres à la passion, ou peinture
qu'on s'est proposé ? Art qu'on

ne peut enseigner, & qui s'exprime, selon qu'il est plus ou
moins gravé dans l'esprit du Compositeur ; il en est de la Musique
comme de la Poësie : en vain don-
nera-t'on des regles, si l'on n'est
inspiré par le génie.

Un Musicien entre en enthousiasme au moment qu'il y pense
le moins ; l'imagination s'enflam-
me, le cœur se dilate, le sang
circule rapidement, hors de lui-
même : un nuage lumineux l'environne, il est transporté dans un
espace immense ; c'est-là qu'il
existe, tous les sens lui prêtent
un mutuel secours, & se transfor-
ment tour-à-tour dans la passion,
dans l'image qu'il veut peindre ;
tout vient en foule, il dirige, il
choisit. Elevé au-dessus de lui-
même, il trace, sans le sçavoir,

des beautés qu'il connoît à peine :
tel qu'une autre Pithie, il entre
en fureur, il parle le langage des
Dieux ; il s'épuise enfin, les forces
lui manquent ; il revient à lui
comme des routes de l'empirée ;
il s'admire, il chante, il repasse
les beautés qu'il vient d'enfanter.
O momens de plaisir ! de ravisse-
ment au dessus des Couronnes &
des Empires ! ô moment seul où
l'homme ressent les douces in-
fluences de la Divinité qui l'a fait
naître !

### Suite du même Article.

CANTABILE, naturel aux François.

Le caractere du chant François
tient particulierement au *Cantabile* qu'on examine. Nos chants
se saisissent, se retiennent aisé-

ment par cœur ; nos plus beaux
Monologues s'entendent même
avec plaifir, quoique fans accompagnement. Il en eft autrement
des morceaux Italiens qui ne fe
montrent que parés de tous leurs
atours, dont les beautés échap-
pent à l'inftant comme une flam-
me fubtile ; on diroit que c'eft un
langage fait pour les Dieux, qu'il
n'eft permis qu'à un petit nombre
d'entendre. A l'égard des chants
réfervés pour notre fociété, pour
nos plaifirs, nous les favourons
avec délices ; leur fimplicité fait
l'amufement des adeptes, comme
des initiés. En effet, quel nombre
d'airs, tous plus beaux les uns que
les autres, qui ne tirent leur mérite que du *Cantabile* ! La nature
enfante ces airs, l'imagination y
prend peu de part, mais le goût
feul

ſeul les dicte. Quel mérite dans ces productions du ſeul génie! combien un jour à venir ces étin-celles ſeront précieuſes, lorſque le ſein avare de la nature ne don-nera plus de ces hommes, dont le cœur eſt la ſource où ils puiſent leurs penſées, d'autant plus bel-les, qu'il n'appartient pas tou-jours à l'homme le plus éclairé de les produire, mais à l'homme de plus de goût.

Nous avons auſſi quelques mor-ceaux de caractere, dans leſquels des traits heureux de pinceau, ou pour mieux dire, d'accompagne-ment, ne laiſſent aucun doute que cette partie de l'art ne ſoit à notre commandement.

Beaucoup d'airs de caractere, brillans ou majeſtueux; nombre de chœurs remplis de feu, riches

B

d'imagination ; des morceaux de
fentimens d'expreſſion , ſoutenus
d'une belle harmonie , font aſſez
voir que le *Sonabile* rit aſſez à
notre imagination, & que l'*Harmonico* nous affecte au point de
l'employer avec avantage : mais
tenons-nous-en particulierement
au *Cantabile* , genre muſical le
plus précieux , & qui fait le ca-
ractériſtique de notre Muſique.
Nous chantons par-tout , même
juſqu'aux Enfers ; & nous ſçavons
que , s'il y a un goût de chant pour
les Dieux , il en eſt un auſſi pour
les Démons.

Les Intermedes Italiens ont des
morceaux qui nous ont charmé ,
ce qui prouve le bon goût de la
Nation ; mais cet aveu nous met
entre un précipice & une prairie
bordée de fleurs. Entre notre gen-

re, le genre Italien, & les Sag-
gionnades, il y a des nuances qui
pourroient échapper, même aux
plus habiles Artistes; voilà le précipice. Notre genre est simple,
naïf, ferme & vigoureux; le genre Italien a des beautés d'expression, des finesses d'agrément que
nous pouvons acquérir, voilà les
fleurs; c'est à nous de les cueillir,
sans perdre de vue que nous sommes François.

## DE LA PROSODIE,
### ET DE LA MESURE.

UN Chanteur qui a le tact délicat, sçait faire sentir à son auditeur les longues & les breves,
tel doit être aussi le talent du
Compositeur. En convenant que
les longues & les breves ne font

pas si déterminées dans la Langue Françoise que dans la Langue Italienne, on est forcé d'avouer par un nombre infini de morceaux de nos Opéras, où la Prosodie est bien rendue, que c'est un mérite de plus au Compositeur de la sentir, & au chanteur de la bien rendre ; puisqu'il faut pour cela un discernement fondé sur le goût & l'expérience des regles que nous n'avons point. * Déclamation, caractere, passion, air, sentiment, chants, ariette ; la prosodie peut s'observer en tous ces genres, par des nuances que le François seul peut sentir comme un caractere propre à sa Langue, & dont il n'appartient qu'à lui seul de décider.

* Si on excepte l'Ouvrage qui traite de la Prosodie, par M. l'Abbé d'Olivet.

La meſure eſt de moitié avec les intervalles, pour donner au ſujet le caractere qui lui convient, & je ne ſache pas qu'il nous ſoit arrivé de faire cas des morceaux où elle ne fait pas expreſſion. S'il s'en trouve, où le chant eſt dans une meſure pendant que les accompagnemens ſont dans une autre, nous les rejettons ſans difficulté, comme des morceaux embrouillés & dictés par le mauvais goût. Dira-t'on que nos morceaux de chant ne répondent pas à l'exactitude du rithme ? il eſt à la vérité des ſituations où le chanteur, pour l'intérêt du geſte, ou de certains tours de chant, preſſe ou ralentit la meſure, mais ce ſont de ces ſituations dont il n'appartient qu'aux gens de goût de ſentir tout le mérite. Qu'on s'en

prenne aux Muſiciens qui n'ont
pas une telle garantie, & non à la
Muſique. Qui entend mieux que
nous la variété des meſures? &
où cette connoiſſance eſt-elle
plus néceſſaire & mieux entendue que dans nos Operas, qui ſont
remplis d'une ſi grande variété de
morceaux? talent qui nous eſt particulier, & qui rend nos ſpecta-
cles de Muſique bien plus inté-
reſſans du côté du goût, & par
conſéquent fort au deſſus de ceux
des autres Nations de l'Europe.

## DE L'UNITÉ DE MELODIE.

LA Melodie eſt à la Muſique,
ce que les penſées ſont aux diſ-
cours; c'eſt pour mieux dire le
*Cantabile*; ce qui dépend, com-

me j'ai dit ci-devant, du choix des notes & des intervalles , moyen par lequel on peint dans une feule partie les plus grandes beautés de fentiment ou d'image.

On ajoute à cette expreffion par les accompagnemens qui font harmonie. Ces parties doivent faire entr'elles unité de melodie , car en foi l'harmonie n'eft rien, fi elle ne concourt à l'effet ; c'eft la couleur qui donne l'ame au deffein , ou qui le gâte fi elle eft mal employée. L'unité de mélodie confifte donc en ce que le chant des accompagnemens foit d'un caractere propre & conforme au fujet principal , c'eft-à-dire dans la même modulation , le même caractere & la même mefure, qu'il le fuive pas à pas. Il faut que ces notes écoutent, considerent, répondent; enfin le chant eft acteur, & l accompagnement pantomime : tantôt il s'emporte, ou bien il eft tranquille, il écoute, il regarde, il eft immobile. Il s'anime des yeux & du gefte, toujours conforme à fon acteur qu'il ne perd point de vue. Il annonce, il foutient, il prend les vuides, il termine; enfin il fait dans fon genre ce que le chanteur fait dans le fien, il peint en fymphonie ce que l'autre peint en chant. Il faut avouer qu'à ce fujet les Italiens nous font fort fupérieurs; voyons comment nous en approchons.

Les accompagnemens font de différens genres; ils font fyllabiques, coupés, ou d'un caractere marqué.

## DES ACCOMPAGNEMENS
### SYLLABIQUES.

CEs accompagnemens fuivent le chant en valeur à peu près égale ; ce genre eſt fort uſité dans notre Muſique, & nous n'en connoiſſons pas d'autre dans les caracteres gais & gracieux, je crois même qu'il eſt très-convenable. L'art de ces accompagnemens eſt plus difficile qu'on ne s'imagineroit ; car il faut que toutes les parties chantent ſans trop charger d'accords, afin que de cette harmonie il en provienne une mélodie agréable ; genre ſimple & naïf, inconnu aux Italiens.

Dans les morceaux ſérieux, dont le caractere n'eſt pas abſo-

lument marqué, les accompagnemens fuivent auffi le chant en
notes très-fimples, même par accords en double corde ; ce qui
produit un effet riche & moëlleux, lorfque les accords, fans être
trop remplis, font heureufement
rencontrés.

Nous avons grand nombre de
morceaux, où ces accompagnemens font mis avec difcernement ; mais nous en avons tant,
comme dit M. Rouffeau, qui font
dans une modulation, dans une
mefure, pendant que le chant eft
dans une autre, que ce cahos ne
fait que gâter le chant, & l'enfemble d'une Mufique ; joint à ce
que ces accompagnemens uniformes, à force d'être répétés fi
fouvent, ne peuvent manquer de
répandre du froid & de la mono-

tonie dans la totalité d'un ouvrage : c'est une figure dont on
n'apperçoit aucun deffein, & qui,
à force d'être chargée de drape-
ries, ne montre plus qu'un mé-
chant bout de tête fans forme ni
caractere ; ce qui devroit bien
nous faire ouvrir les yeux, &
nous apprendre à ne point tant
employer ces accompagnemens
uniformes, ou à n'en mettre au-
cuns, à moins qu'ils ne foient de
caractere. Nous pourrions quelquefois, comme les Italiens, faire
l'accompagnement le même que
le chant, ce moyen est épineux :
nous voulons un chant François,
& une fymphonie Italienne : comment accorder ce contrafte ? Ce
ne feroit donc que dans le cas que
nos chants, fans trop fortir du
genre François, auroient une

forte de légéreté, une idée d'Italien qui le rapprocheroit de ce genre d'accompagnement. Il n'est pour s'assurer de la possibilité de ce genre, que d'examiner le Devin de village : cet ouvrage ne laisse pas que d'en être la preuve.

## DES ACCOMPAGNEMENS
### COUPÉS.

CEs accompagnemens font de deux fortes : ou ils font coupés en filence tous enfemble, ou ils font répandu çà & là dans différentes parties. Cette diftribution eft propre pour les morceaux d'intérêt, riches d'expreffion ; genre où l'on mêle artiftement les fluttes, les haut-bois avec les violons, & les baffons avec les baffes. Quelle intelligence ! Quel difcernement pour les employer ! Quelle dignité, quelle grace ne donnent-il pas aux morceaux qu'ils accompagnent !

Ce genre de beauté, les François ne le doivent qu'à eux seuls. M. R. supérieur en ce genre, seroit un modéle à suivre, même pour les Italiens.

Il n'est pas moins singulier que M. Rousseau, qui croit si peu à la Musique Françoise, se soit avisé de s'en servir dans le raccommodement de Colin & de Colette ; il a cru sans doute puiser ce genre d'accompagnement dans la Musique Italienne, mais non. Par distraction, pourquoi n'auroit-il pas de ces instans où le cœur François se fait sentir par un instinct involontaire ?

## DE L'ACCOMPAGNEMENT
### DE CARACTERE.

CEt accompagnement confifte
dans un chant fuivi de deux, trois,
ou même quatre croches ou noires
d'un caractere dinftinct & con-
tinu. Ce genre s'employe lorfqu'il
s'agit de quelque grande paffion,
ou de quelque forte peinture prife
dans la nature. Ces accompagnemens doivent faire le perfonnage
dont j'ai parlé ci-devant, c'eft-à-
dire, ajouter à l'expreffion du
chant. M. R. en a rencontré de
très-heureux en ce genre : mais en
général, nos accompagnemens
font au plus fimple, fans un caractere abfolument marqué. Leur
effet eft velouté, moëlleux, fa-
tisfaifant ; mais ils ne percent pas

avec ces traits de feu qui fe répan-
dent en éclats , qui raviffent ,
tranfportent l'auditeur hors de lui-
même. Auffi il faut avouer que les
Italiens font fort au-deffus de nous
en ce genre , & c'eft là même où
confifte le fublime de leur Mufique. Ils ont en ce genre des morceaux fi fupérieurs , qu'on oublie
que ce font des beautés muficales ;
l'illufion eft forte au point qu'on
croit que c'eft la chofe même que
l'on voit, que c'eft là qu'on exifte.
Un feu fe répand dans les veines,
on fe fent foulever ; l'imagination
en défordre , le cœur ému, on eft
tranfporté comme dans un autre
hémifphere : voilà de ces fituations
que les perfonnes fenfibles à l'attrait Mufical ont éprouvé avec un
raviffement dont on n'a à fe plain-
dre que du peu de durée.

## DU PROGRÈS DE LA MUSIQUE.

LE chant, comme j'ai dit ci-
devant, eſt la partie eſſentielle de
la Muſique ; c'eſt le chant qui dirige, ou pour mieux dire, qui enfante les deux autres genres, comme lui étant poſtérieurs. Le premier eſt la nature même ; les deux
autres ſont bien produits par la
nature, mais ils n'en viennent que
par art & par réflexion. Pour
mieux développer nos idées ,
voyons comment ces trois parties
ſe ſont perfectionnées , & faut-il
dire *amalgamées* enſemble.

Le premier homme en France
qui tira la Muſique de la maſſe
informe du contrepoint , qui forma des chants agréables , fut Lam-
bert :

bert : ſes brunettes furent les premiers rayons de goût qui commencerent à peindre ; à ſes airs il ſçut faire des baſſes harmonieuſes ; mais juſques-là ce n'étoit que des brunettes.

Lully vint enſuite, qui du premier vol *forma* une carriere vaſte & hardie, qui depuis nous a ſervi de modele.

Il ſçut preſſentir de lui-même les différens caracteres de Muſique ; rage, déſeſpoir, amour, furies, bergers, héros, divinités ; tout, ſous ſon pinçeau, devint un tableau fidele de la nature.

Il fut le premier qui enrichit la Langue de toute la force & de toute la nobleſſe, de l'expreſſion muſicale, & des graces du goût dont elle étoit ſuſceptible.

La force du chant ſur-tout,

C

fut le moteur de fes penfées ; ce
même chant lui fuggéra fon harmonie, & fouvent des accompagnement d'un choix heureux.

Cet homme vafte dans fes
idées, fut toujours grand, même
dans les fujets les plus rians ; &
cet art qu'il reçut comme brut
des mains de la nature, il le polit,
à mefure que, par la force de fon
génie, il le força de découvrir fes
tréfors les plus cachés.

S'attachant toujours aux parties effentielles, il chercha à faire
parler fes héros plutôt qu'à les
faire chanter ; & pourvu qu'il don-
nât le caractere effentiel à un morceau, négligeant les détails, il
croyoit devoir fuivre fon idée,
fans s'écarter du droit chemin.

Ces détails d'ornement fem-
blent lui avoir échappé, ou plutôt,

c'eſt une carriere qu'il nous a abandonnée, pour nous dédommager des traits de force & de génie contre leſquels nous luttons en vain.

Ces fleurs ſont écloſes inſenſiblement. L'ingenieux Campra, ſans s'écarter des routes du Grand, comme on le voit dans Tancrede, crut qu'on pouvoit être plus riant, plus animé dans l'Europe Galante. Deſtouches devint plus aiſé, plus galant dans Iſſé.

R. briſant tous ces liens de terre à terre, ſe montra plus hardi, plus riche & plus varié dans Hippolyte & Aricie ; donna plus de feu, plus de brillant dans les Indes Galantes. Il fut le premier qui ſçut cueillir de ces fleurs agréables ; & en les ſemant dans les Talens Lyriques & dans Pygmalion, il y ré-

pandit un air de coquetterie &
de volupté.

Alors on commença à s'appercevoir de toutes les richeffes muficales. Les Bouffons ont achevé
de tirer le rideau, & de nous convaincre de cette vérité par les
charmes de leurs intermedes. Mais,
quelles difputes ? quels difcours
fans rien conclure ? Sans doute
que nous prendrons le parti op-
pofé de n'en mot dire, & de les
étudier en fecret ; & il eft à préfumer que ces beautés nous plai-
ront davantage, lorfqu'un jour
nous les verrons habillées à la
Françoife.

## DE LA FACTURE
### EN MUSIQUE.

QUand on voit une partition, on dit : cela est bien écrit ; c'est-à-dire, que la basse est bien faite ; que les parties sont bien les unes sur les autres, & que tout y est clair : voilà ce qu'on appelle Facture. Mais quand je regarde une partition, l'expérience m'a appris à mettre tout cela de côté, & à ne faire attention qu'aux pensées, aux images, aux traits de génie, au sensible du chant & de l'harmonie ; à considérer si chaque partie chante comme elle doit chanter ; si à la liaison le sens des phrases, & le tout ensemble, concourent au tableau & à un certain

désordre qui plaît ; voilà la ma-
gie, voilà la vraie Facture : car
celui qui a fait toutes ces chofes,
pour peu qu'il revienne fur lui-
même, fe rendra aifément le maître de cette régularité d'école,
qui confifte à ne faire ni deux
quintes ni deux octaves de fuite,
& de remplir l'harmonie fans
l'étouffer. Combien de mauvai-
fes nourrices leurrées de la chi-
mere de trop foigner leurs enfans !

Je crois l'Ecole Italienne plus
intelligente que la nôtre, quant
à l'effet ; mais moins habile, quant
aux principes raifonnés de l'art.

Pour nous, fages dans nos
idées, ne voulant rien faire au
hazard, il n'y a point de plis &
replis les plus fecrets de cet art
que nous n'ayons approfondis au-

tant en Philosophes * qu'en Musiciens ; & c'est une gloire qu'aucune Nation de l'Europe ne peut
se vanter de partager avec nous.
Nous écrivons tellement avec
pureté, avec sagesse, que s'il y
avoit un reproche à nous faire,
c'est d'aller jusqu'au scrupule. Si
nous sentons l'effet, nous n'en
sommes pas moins esclaves de
la correction. Pour les Italiens,
abandonnés naturellement aux
désordres de l'imagination , ils
semblent nés avec un penchant
à la négligence; ils ne visent qu'à

---

* Voyez la génération harm. de M. Rameau ; la nouvelle découverte du principe de
l'harmonie, de M. Esteve de la Société des
Sciences de Montpelier ; l'Ouvrage de M. De-
serre ; nouvelle maniere d'écrire la Musique,
par M. Rousseau ; les Elémens de l'harmonie,
selon le système de M. Rameau, par M. d'A-
lembert , des Académies , &c.

l'effet ; & je crois cette audace
plus propre aux grandes chofes,
que cet efprit de raifon toujours
en garde contre lui-même. Autant la raifon doit fuivre de près
nos jugemens ; autant un beau délire ne fe fent animé que par l'y-
vreffe & par la folie. Auffi en fait
de peinture & de mufique, les
Italiens ont un feu, un enthou-
fiafme qu'il nous fera toujours difficile d'égaler.

Dans nos Operas, nous mettons
deux ou trois tailles de violon, &
les Italiens n'en mettent qu'une,
qui feule vaut mieux que les nô-
tres. Les autres parties d'accompagnement font faites dans le même
efprit. Le premier, le fecond
violon font toujours à leur place,
ou bien ils font la même chofe
que le chant, & la quinte que la

Baſſe. A l'égard de cette partie grave, elle a une marche ſimple & unie, & le chant domine ſur toutes ces parties, comme une belle ſtatue poſée avec grace & dignité ſur ſon pied d'eſtal ; tout cela ſe fait ſans obſcurité, ſans embarras, avec peu d'ouvrage. S'ils font des Sonates, des Trio, des Concerto, toujours même intelligence.

Que de réflexions à faire ! Quelle étude pour un François qui penſe ſenſément ſur ſon art & ſans partialité ! M. Rouſſeau a franchi le pas ; & on ne peut lui refuſer au moins d'avoir ſenti toute la force de ces vérités : rayon de lumiere que les Artiſtes en général n'appercevront, que lorſqu'ils feront guéris du préjugé que la Muſique Italienne eſt toujours la même. Cette uniformité qu'on lui reproche pourroit être une beauté qui donne toujours à connoître le génie & le climat à qui elle appartient, plutôt qu'un défaut du côté du genre, qui est très-riche en variété, quant aux pensées & à l'imagination.

## DU STYLE EN MUSIQUE.

STyle en musique me paroît difficile à définir, au moins en ce qui regarde les pensées ; car on sçait qu'il y a en musique un style pompeux & héroïque, comme le genre de musique qui convient aux Tragédies ; le style noble & galant, pour les Ballets & Pastorales ; & le style familier pour les Cantatilles, Chansons & Vaudevilles : je veux dire, de plus, style qui confiste dans le caractere, le tour de chant, & dans la maniere d'ajouter la Baffe, & les autres parties. Les Italiens font auffi différens de nous en ce genre, qu'ils le font de caractere & de langage.

En effet, le genre d'une Mufique naît particulierement du caractere & de la Langue d'une Nation. Notre Langue eft fage & naïve. Si elle n'a pas beaucoup d'éclat, elle eft coulante & aifée ; elle fe prête peu aux images, mais elle a l'avantage d'être naturellement propre aux caracteres nobles, aux expreffions de fentiment, & aux fcenes galantes, aux fêtes héroïques & de divinités, aux fêtes infernales, aux fêtes des bois & des bergeries ; enfin à tout

ce qui a rapport à nos senfa-
tions.

Les graces du goût, un tact
aifé, délicat, un difcernement
vafte, étendu, ordonnent toutes
ces chofes avec une œconomie, fi
l'on peut dire, admirable. Les
détails pris féparément ne font
pas d'un feu, d'un éclat hardi,
éblouiffant; mais le tout enfemble
fait un tableau de goût, dont la
raifon fait la principale ordonnance ; genre auquel la Mufique
Italienne eft totalement oppofée.
Les détails en font admirables, ini-
mitables, fi l'on veut ; mais de la
variété, de l'ordonnance, de la
diftribution, n'en cherchez aucune.

Toutes ces différences ne viennent que du caractere de la Nation, ou plutôt de la Langue, &

de ce que telles ou telles idées
font plus naturelles à l'une qu'à
l'autre, ainfi que de la différence
des longues & des bréves. En
effet dans la Langue Italienne les
longues & les bréves ont leur
mefure déterminée, ou plutôt ce
font tous monofyllabes égaux,
qui fe prêtent également à l'imagination du Poëte & du Muficien.
Au contraire dans la Langue
Françoife, les longues & les bréves font tellement d'obligation,
que loin que le Poëte & le Muficien puiffent s'abandonner à tous
les défordres de l'imagination,
toujours en garde contre eux-
mêmes, ils ne fe laiffent conduire
que par le goût le plus épuré &
la plus faine raifon. La Poëfie Italienne, vive & piquante, eft propre aux images, aux divers phé-

nomènes qui se passent hors de
nous ; au contraire la Langue
Françoise, sage, noble & cir-
conspecte, ne se plaît particulierement qu'aux sentimens de
nos passions, aux affections, aux
mouvemens qui se passent en
nous ; enfin * le style des Italiens
est grand, en ce qu'il est concis
& serré ; & le nôtre est beau, en
ce qu'il est diffus & étendu. On
peut comparer le premier, à cause
de la violence, de la rapidité &
de la véhémence avec laquelle
il ravage, pour ainsi dire, & emporte tout, à une tempête, à un
foudre.

Pour le nôtre, c'est un feu
moderé qui ne s'éteint point, qui
se nourrit à chaque pas, & à me-

* Voyez Traité du Sublime. Comparaison
du style de Démosthene & de Ciceron.

ſure qu'il s'avance prend toujours de nouvelles forces.

L'un vaut mieux pour les exagérations fortes & les grandes paſſions, les grandes images, quand il faut, pour ainſi dire, étonner l'auditeur.

L'autre ſuave, & tranquille, par une abondance égale eſt meilleur, ſi l'on peut dire, à répandre une douce & agréable roſée dans les eſprits. Enfin, pour dire en un mot, ce ſont deux rivales qui ſubſiſteront toujours par la raiſon même de leur oppoſition.

---

## DU RECITATIF.

LE Recitatif, où la déclamation ſe préſente à l'idée ſous différentes ſortes : ton de converſa-

tion ; déclamation du barreau ;
déclamation dramatique, & déclamation muſicale.

Tous ces genres s'éloignent ou
ſe rapprochent les uns des autres
par des nuances à l'infini.

Nous nous exprimons dans la
converſation, ſoit de la voix ou
du geſte, par des nuances inappré-
ciables, parce que c'eſt le ſentiment vif de la nature qui en eſt;
l'impulſion, & cela prompte-
ment, ſans art ni réflexion.

C'eſt donc ſur cette déclamation vivante que les autres doivent
être modelées. Voyons en quoi
elles peuvent & en doivent diffé-
rer.

La déclamation des Orateurs
modernes en approche le plus
par ſa ſimplicité ; mais elle a bien
moins d'action de la voix & du
geſte,

geste, parce que l'Orateur est
seul, & que son talent ne consiste
qu'à se captiver l'attention de ses
auditeurs.

La déclamation dramatique est
plus sensible ; elle a plus de feu ,
plus d'intérêt dans le ton de la
voix, & sur-tout dans le geste ;
l'acteur ayant à répondre & à
écouter d'autres acteurs, le feu
des passions, les images de la
Poësie, tout l'anime à l'action. Si
c'est un bon acteur , il est lui-
même le héros dont il fait le personnage ; il entre dans les mêmes
intérêts, dans les mêmes passions ;
il ressent les nuances vives &
passageres de la conversation ;
mais comme il parle en Poëte,
il faut un ton héroïque, plus élevé, plus pompeux que le ton de
la conversation. Si l'intérêt du

D

gefte le rapproche de ce ton
fimple, il eft obligé de s'en éloi-
gner par la grandeur & la magnificence d'un difcours qui a une
cadence & une mefure qu'il doit
faire fentir.

La déclamation muficale eft la
même, quant au genre ; mais elle
eft obligée de prendre un ton plus
haut, plus compofé ; enfin fur un
ton mufical, qui doit être modelé
d'abord fur la nature, qui eft la
converfation, enfuite fur l'art, qui
eft la déclamation dramatique.
Elle doit avoir l'intérêt de l'action de la premiere, plus empha-
tique que la feconde, & ne doit
en aucune façon tenir de la froide
déclamation du barreau. La premiere fois que j'ai entendu le Recitatif Italien, il fit fur moi la
même impreffion qu'un play-

doyer ; j'y trouvois un esprit de
vérité, mais un air roide & sau-
vage que le bon goût n'a jamais
dicté. On a beau me dire que le
Recitatif doit être la conversation
même : oui, tout au plus, s'il n'est
question que d'un simple dialogue ou récit ; mais pour peu
qu'il entre quelque passion, quelqu'image, le ton musical doit
reprendre ses avantages. Enfin
lorsque je vais à l'Opera, je ne
vais ni à un sermon, ni à un
plaidoyer ; je vais entendre les
effets de la nature rendus musica-
lement : voilà l'illusion, c'est à
moi de m'y prêter, ou de n'y pas
aller.

On aura beau me dire que le
Recitatif Italien tranche mieux
que le François, & que l'Ariette
en ressort avec plus d'effet : tout

cela part d'un goût nationnal ; dont les Italiens peuvent très-bien s'accommoder ; d'où il ré-sulte que dans un Opera Italien, il n'y a que deux genres, décla-mation & ariette ; car on a dû s'appercevoir que dans les mor-ceaux de caractères, excepté quelques traits coupés d'accom-pagnemens, le chant conserve toujours la même roideur ; il y a de la vérité à tout cela, mais sou-vent peu de goût.

Notre Recitatif, par des inter-valles plus lians, plus agréables, tout à fait éloignés du ton du bar-reau, tient au genre de la décla-mation dramatique : il ne tranche point assez, dira-t'on ; les passages n'en sont point assez marqués ; en-fin, notre Recitatif chante trop, ou nos airs pas assez. Ce défaut

n'eft pas au point que nous ne
puiffions y remédier. Si quelque
Muficien François avoit affez d'é-
mulation pour fuivre la Comédie
Françoife, & s'exercer à la belle
déclamation, il eft à préfumer
qu'il parviendroit à faire un Récitatif plein de charmes, où les fentimens & l'expreffion marche-
roient d'un pas égal, & où les di-
verfions menagées feroient leur
effet en tems & lieu. Tantôt Poëte
fage, tantôt Muficien habile, le
Compofiteur monteroit fa Lyre
fur un ton fimple, ou fur un ton
élevé.

M. Rouffeau a rencontré fort à
propos de ces endroits fimples,
tels, *qui vous l'a dit, ma Colette êtes
vous fâchée, je fuis Colin.*

M. Rouffeau a beau dire, il a
fait du chant François, fans le

vouloir ; mais pour quelques endroits de cette nature , combien
de paffages , fur-tout dans le rôle
du Devin , d'une modulation peu
flexible , qui met également l'auditeur & l'acteur dans les entra-
ves , & cela pour avoir voulu fortir du genre propre à la Langue.
On doit néanmoins lui favoir gré
de nous avoir donné le premier
à connoître qu'on pouvoit trouver des tours fimples , & voifins
de la nature dans le genre familier. Je les crois cependant plus
difficiles à faifir dans le genre héroïque. Lully a bien commencé ,
& ce n'eft qu'en l'étudiant qu'on
peut parvenir à mieux faire.

En effet , pourquoi chanter ,
quand il ne faut que parler ? pourquoi tant de cadences , ports de
voix , coulés ? &c : tous agrémens

qui ne doivent être employés
qu'aux airs chantans, & rarement
dans le Recitatif; agrémens qui
ne font que rallentir l'art du gefte,
& l'action du chant & de la déclamation.

On fçait qu'il y a un genre
d'agrémens particulier pour la
Scene; mais pourvu que la belle
prononciation & le tour propre à
notre chant n'en souffrent pas, ne
vaudroit-il pas mieux facrifier ces
agrémens à l'action du gefte & de
la déclamation. On y trouveroit
double avantage; la Scene lan-
guiroit moins, les airs & les
ariettes en reffortiroient avec plus
d'effet.

Comment rompre la coutume?
comment bannir l'efprit d'erreur
que l'ufage & l'idolâtrie confa-
crent comme des vérités?

Qu'on essaye au moins si nos chants, même les plus anciens, ne peuvent pas être rendus d'un ton plus simple, moins chargé d'ornemens. Laissons chanter les Italiens leur Recitatif, comme parlent les matelots sur le port de Venise; & contentons nous de parler tantôt en Héros, en Poëtes, & tantôt en Musiciens.

M. Rousseau aura donc raison de dire que nous chantons trop notre Recitatif; mais il aura tort d'en blâmer le genre, sur-tout lorsqu'il parle du Monologue *Enfin il est en ma puissance*; car il regne dans tout le morçeau un caractere animé, un esprit de no-blesse & de majesté, qui convient très-bien au personnage & à la situation d'Armide. Il y a aussi des passages nués avec un sentiment très-délicat, & cela avec très-peu de modulation ; art précieux & difficile à manier.

Cette situation pourroit avoir plus de désordre ; c'est ce qu'on ne peut assurer, jusqu'à ce que quelqu'un ait la force de nous en convaincre par l'expérience : mais, jusqu'à présent, on ne peut contester que ce morçeau ne soit en tout d'une grande beauté. \* Il

---

\* Je crois cependant que nous pourrions nous permettre des tours de chants plus forts, plus marqués que nous n'avons accoutumé d'employer dans les morçeaux de haine, de fureur, &c. Lulli me paroît inimitable dans le genre noble, majestueux, naïf & délicat ; mais il me semble qu'il nous reste à acquérir ce ton simple de la pure déclamation, ou ré-cit, & ces traits hardis qui peignent si bien les passions violentes, ces cordes de modula-tion inattendues, ces silences, ces accompa-gnemens coupés ; genre si familier aux Ita-liens, & dont nous n'avons pas les moindres traces, non plus qu'ils n'ont idée du genre de Lulli. Reste à sçavoir si c'est faute, ou pron'y a point de paſſages violens outrés ; c'eſt auſſi ce que nous ne voulons pas , jaloux que le goût nous ſuive juſques dans les plus grandes fureurs. Nous pleurons ſans crier , & c'eſt une volupté , dont on diroit que nous n'avons jamais aſſez pour nous ; où ſi nous frémiſſons , & que les cheveux nous dreſſent à la tête , c'eſt une horreur dont notre ame eſt déli-vrée , ſans voir nos Acteurs entrer en fureur comme des Bacchantes , ou les entendre crier comme des crocheteurs de Veniſe.

priété de Langue de part & d'autre , qui nous tient liés & garottés , de façon à ne pouvoir ſortir d'un goût nationnal une fois adopté.

## DE L'ARIETTE.

L'Ariette eſt comme une beauté iſolée; c'eſt un joli feſton; c'eſt le clinquant, ou ſi l'on veut, le brillant, les gentilleſſes d'un Opéra. Quand le Poëte a l'adreſſe de la placer à propos, qu'elle naît du ſujet, & que le Compoſiteur la rend d'une maniere intéreſſante, conformément au ſens des paroles, ſans trop de roulades, & que de ſon côté le chanteur fait augmentation de beautés, comme il arrive ſouvent à M. J. & à M<sup>lle</sup>. F. on ne peut diſconvenir que c'eſt le moment qu'on attend, le moment de délices.

Avouons cependant que ſi nous avons de ces inſtans, ils ne nous

font pas familiers ; enfin ce genre
ne vient point de nos inftitutions
muficales.

Nous avons beaucoup d'airs ,
prefque point d'Ariettes. Nous
commençons à les defirer, à en
fentir l'avantage ; il eft à préfumer
qu'avec le goût qui nous eft naturel, nous ne les employerons qu'à
propos, & non comme les Italiens qui en font des felles à tous
chevaux ; pourvû que nous con-
venions que ce n'eft pas feulement avec les mots de *regne ,*
*vole, victoire,* qu'on fait un Ariette,
& que ce genre peut avoir un objet, & peut être fufceptible d'i-
mage & de peinture ; ce qui, en
joignant l'intérêt au brillant de
l'exécution, ne peut manquer de
la rendre plus intéreffante. D'ailleurs, puifque ce n'eft pas feule-

ment avec des Ariettes qu'on fait des Opéra, nous ne devons pas tant envier aux Italiens la supériorité qu'ils ont en ce genre.

Il est prouvé que nous avons le talent de les sçavoir placer, & que notre Langue s'y prête, quoiqu'avec difficulté.

M. Rousseau lui-même en peut-il douter ? De tous les morçeaux de son Opéra, l'Ariette du Devin, quoique de basse-taille, est la plus vive & la plus piquante.

## DE LA MODULATION.

DAns la Modulation est renfermé tout l'art musical. La Modulation est le chant, l'harmonie, la mélodie ; enfin c'est la source de toutes les beautés les plus dé-

licates , & les plus frappantes de
la Mufique.

On a cru jufqu'à préfent devoir tirer les fources de la Modulation des harmoniques, des pro-
greffions fondamentales ; & moi
je penfe que la Modulation tire
fes beautés des différens intervalles
de tons & de demi-tons en fuc-
ceffion diatonique , comme elle
prend fes principes des intervalles
de 3ᵉ , 4ᵉ , ou 5ᵉ , que donnent les
harmoniques du corps fonore.

Nous avons beaucoup écrit fur
l'harmonie, de façon même qu'il
femble qu'on n'a rien à defirer
lorfqu'on entend avec clarté la
génération harmonique de M.
R***. En confidérant l'harmonie
à fon plus grand période, on eft
frappé d'étonnement de voir la
melodie, comme un terrein en

friche. Aussi avouons que nous
avons commencé par où nous
devions finir, & qu'il nous reste
à méditer la partie par où nous
devions commencer.

On a dit qu'il y avoit un mode
majeur & un mode mineur, une tonique, une quatrieme, une dominante, une notte sensible, des pro-
gressions que donnent les harmoniques ; voilà bien quelques ob-
jets philosophiques de l'art : mais
il y a des intervalles de ton & de
demi-ton qui n'ont pas la même
propriété dans une Modulation
que dans une autre ; un dieze, un
*b* mol, un *b* quarre, à telle ou
telle expression, selon la place où
il se trouve ; un mode transposé
n'est point le même qu'un mode
naturel.

On peut faire souvent de bonne

harmonie qui ne rend nul effet,
& cela faute de Modulation. Il
arrive encore de faire un chant
dans une Modulation, pendant
que l'accompagnement eſt dans
une autre ; enfin la marche d'un
ſon grave juſqu'à ſon octave,
trouve des difficultés en ſon chemin qu'on n'a pu réſoudre : il y a
dans notre ſyſtême des intervalles
de triton & de fauſſe 5ᵉ qui le
rendent imparfait ; on va toujours
ſon chemin en paſſant par deſſus
ces difficultés : & moi je crois que
voilà le terrein qu'il faudroit dé-
fricher, & les vérités qui nous
reſtent à méditer, & dont nous
n'avons pas, ce me ſemble, les
moindres notions. On a beau dire
que les génies nous ont donné des
modeles des plus beaux chants,
& en tous genres, cela ne ſuffit
point.

point. Quand je viens à considérer
que les anciens Grecs ont eu un
genre de musique, dont on ra-
conte des merveilles, & que le
nôtre n'y ressemble nullement, &
qu'ils avoient des regles pour les
différens genres de Musique & de
Modulations, & que nous n'en
avons, pour ainsi dire, aucunes ;
j'infére de-là que notre art est encore ideal, qu'il ne fait que naître,
& qu'il est aussi loin d'évidence,
que nous le croyons établi sur des
principes solides.

Qui nous assûreroit qu'avant
Lully, on ne croyoit pas l'art du
contrepoint, le *nec plus ultra* de la
Musique ? Nous pensons de la
nôtre avec le même avantage.
Qui nous assurera, dis-je, que nos
arriere-neveux ne nous regarde-
rons pas à leur tour comme des

E

Gothiques , dont il ne sera plus
question. Prévenons leur mépris ,
en ne leur laissant, s'il est possible ,
aucune pierre d'attente, de façon
qu'ils n'ayent pas à faire à leur
tour sur la melodie , ce que nous
avons fait pour l'harmonie.

La Modulation constitue le
chant & l'harmonie , elle en fait
le caractere ; on sçait la différence
du mode majeur au mode mi-
neur, naturel ou transposé , par
les diezes , ou par les *b* mols. Souvent le majeur prend le tendre du
mineur , lorsqu'on s'en sert par
les *b* mols , comme le mineur
prend la fermeté du majeur par les
diezes ; alors l'un & l'autre per-
dent , ce me semble , la force de
leur expression, de leur propriété.
Il est vrai que cette maniere de se
servir indifféremment des modes

par les diezes, ou par les *b* mols,
rend notre syftême beaucoup plus
tendu, que fi on bornoit le ma-
eur aux diezes, & le mineur aux
*b* mols. Mais auffi les fenfations
n'en feroient-elles pas plus fortes,
fi nos oreilles s'accoutumoient à
ne prendre chaque expreffion que
pour ce qu'elle doit être : voilà je
penfe la raifon des grands effets
de la Mufique des Grecs. Le mineur, par le *b* mol, ne feroit donc
employé que pour les expreffions
tendres & pathétiques ; le majeur,
par le dieze, au contraire, pour
les expreffions vives & brillantes ;
car tel eft leur nature. Si nous y
perdons du côté des moyens de
variété, nous gagnerons bien autant du côté de l'expreffion. Con-
vention faite, préjugé levé, je
m'en tiendrois au dernier.

E ij

Nous difons encore : il y a un mode majeur, un mode mineur. Il eft tout fimple que ces modes ayent une tonique, une dominante, une foudominante, & une note fenfible ; on part de-là, on fait des chants, auxquels ces notes fervent de bouffole. On croit faire de la modulation, de la melodie ; on ne fait fouvent que de l'harmonie.

Ce n'eft point de cette façon, ce me femble, qu'il faudroit l'entendre ; ne feroit-il pas plus à propos de diftinguer modes & modulation ? Les modes feroient la note effentielle par où commence & finit un morçeau, en majeur ou mineur ; ces modes font donnés par les intervalles de $3^e$, $4^e$ ou $5^e$, que porte avec lui tout corps fonore, y compris

même le demi-ton fenfible. Mais
lorfque je viens à former des
chants diatoniques, que de dou-
tes, que de difficultés? On a beau
me dire : faites une baffe fonda-
mentale ; faux principe, ou au
moins pas affez évident pour me
conduire à coup fûr ; car alors il
n'eft plus queftion de corps fo-
nores ; ce n'eft tout au plus qu'un
fous-entendu , qui m'éclairera
dans des endroits , & me laiffera
en doute dans d'autres.

Il faudroit établir des regles de
modulation , ou maniere de former des chants : regles qui ne don-
neroient pas le génie , mais qui au
moins nous garantiroient d'erreur : des regles qui indiqueroient
les routes , les propriétés de tel
ou tel intervalle : la variété de
fuivre ces différens intervalles fuc-

cessivement, de les joindre aux
intervalles de tierce, quarte ou
quinte : comment, ils doivent se
lier les uns aux autres : commencer, se coudre, & terminer ; de
façon qu'un chant soit un, entier ; c'est-à-dire, former une es-
pece de réthorique pour le chant,
comme il en est une pour le discours. Jusqu'à ce que nous ayons
rempli cet objet, nous ne pour-
rons nous assurer d'avoir un vrai
système de Musique. Nous irons
toujours secondés du génie ; nous
ferons de belles choses : Que ne
ferions-nous pas, si nous étions
affermis par des principes clairs,
évidens pour la modulation, comme nous en avons pour l'harmonie ? Lorsque secondés du génie,
nous formerions des chants, loin
d'être embrouillés, mal conçus,

peu aſſurés, froids & ſans action,
on feroit toujours ſûr d'y donner
la vraie expreſſion, parce qu'on
connoîtroit la propriété des intervales & de la meſure, la différence de l'harmonie & de la melodie, des modes & de la modulation ; enfin on feroit Peintre &
Poëte, & on eſt tout au plus que
Muſicien.

---

## DE L'EXPRESSION.

EXpreſſion en muſique, c'eſt
exprimer un ſujèt avec l'air de
vérité qui lui eſt propre, d'un ton
neuf, agréable, noble & pi-
quant.

Il y a pluſieurs eſpeces d'expreſſion en muſique ; il y a expreſſion vocale & inſtrumentale,

& expreffion où toutes les deux fe
trouvent réunies.

Comme l'expreffion ne dé-
pend pas feulement du caractere
du fujet, mais encore de fa deftination, le Compofiteur doit avoir
attention qu'il y a un local pour
l'expreffion; & que, tel beau que
puiffe être un morceau, s'il manque par la convenance, c'eft manquer comme à l'expreffion.

Pour remplir l'objet du beau,
il ne faut pas feulement donner
de l'expreffion, mais la traiter fe-
lon fon genre & fa deftination.
Lully eft fans contredit le plus
grand Maître que nous ayons en
ce genre. Soit qu'on confidere un
de fes Opéras en entier, ou un
acte, ou des morceaux féparément, on y retrouve toujours l'u-
nité, cet efprit de vérité & d'ex-

preſſion ſi précieux, Nous ne
manquons pas d'habiles gens qui
ont ſuivi les traces ; mais ne pourroit-on pas dire que c'eſt plûtôt
un heureux effet du génie, que
des vraies connoiſſances de l'art,
puiſque perſonne n'a encore écrit
ſur ce ſujet.

Voyons comment, ſans expérience, je pourrai le premier traiter une matiere auſſi délicate. Té-
mérité de ma part ( je l'avoue )
qui tend à m'inſtruire, & non à
éclairer des Artiſtes plus expéri-
mentés que moi : mais, parlons,
puiſque leur ſilence m'autoriſe.

## *Du ſentiment, de l'Expreſſion*
## *& de l'Effet.*

S'il eſt un genre de Muſique,
où l'expreſſion doit dominer,

c'eft fur-tout dans la mufique de Théâtre, où les fens font avides, ( fi l'on peut dire ) de fe laiffer toucher par le merveilleux.

L'Expreffion doit être l'ame de ce genre de mufique, plus que de tout autre ; il feroit même à fou-haiter quelle s'y trouva au point que l'art n'y parût que comme un vernis pour bien joindre les pieces de rapport qui font le total de l'ouvrage ; de façon que cet art apperçu feulement des Artiftes, l'auditeur, fans en être diftrait, ne fut intéreffé que par les feules beautés du génie.

Il y a dans un Opéra, des mor-ceaux d'expreffion, d'autres de fentiment, ceux là pour l'effet.

Les morceaux de fentimens, font les *Scenes galantes*, tendres & pathétiques, les Scenes où l'a-

mour, l'amitié & la générosité
se font un mutuel combat. Les
Scenes opposées, sont les Scenes
fortes, vives & animées, où les
sentimens de crainte, de dépit,
d'artifice, de jalousie, de parjure,
se peignent sous les traits les plus
noirs. Voilà les morceaux, les
Scenes d'intérêts, où la Langue
doit être traitée plutôt en pure
déclamation, qu'en chant; de façon que l'acteur n'étant pas con-
traint par un chant trop musical,
aye toute la liberté de donner
plus de force au récit, tant par
les inflexions du chant, que par
l'expression du geste. De ces Scenes d'intérêts, naissent les morceaux d'expression, tels que les
Monologues, les Duo, les morceaux animés par les passions dé-
cidées de joie ou de douleur, de

haine ou d'amour, &c. Paſſions qui doivent ſe peindre avec toute la force, la hardieſſe, & la beauté de l'expreſſion du chant muſi-cal.

C'eſt alors que l'inſtrumentale, jointe à la vocale, préte à celle-ci de nouvelles forces. Le prélude annonce le caractere de l'air, & prépare également l'auditeur & l'acteur à entrer dans la paſſion. Les endroits de ſilence qui ſe trouvent dans le chant, en répandant de la variété par les traits de l'inſtrumentale, que n'auroit pu faire la vocale, donnent en même-tems la facilité au chanteur de ſoutenir ſon air avec bien plus de vigueur, que s'il falloit qu'il le débite ſans aucun repos.

Si c'eſt un morceau de crainte, de douleur, d'abattement, on sçait qu'il faut avoir recours au mode mineur, par les *b* mols, ce qui donne un pathétique tendre, triste & douloureux, mêlant, avec ménagement, les flutes avec les bassons, même les cors dans les accompagnemens.

Plus le sujet est affecté de douleur, plus le chant doit être diatonique, plutôt en descendant, qu'en montant, expression qu'on augmente encore par les demitons qui naissent comme de la puissance de la modulation, ce qui ne peut manquer de rendre le chant tendre & flexible. Pour ajouter encore à ces expressions, les habiles gens se servent de silences, d'instans coupés, de cordes, de modulations sensibles, emmenées par la force du chant, & non par des traits empruntés d'une modulation artificielle.

S'il s'agit du genre opposé, tels que les morceaux de fureur, de rage, de défespoir, &c. Il eft fimple de mettre en ufage les modes majeurs par les diezes ; & plus la paffion eft violente, moins il faut craindre de heurter le coup de pinceau dans les inftans de l'invention : au contraire, vous abandonnant tout à fait au délire, oubliés l'art, s'il eft poffible, pour ne vous livrer uniquement qu'à l'expreffion, foit par des intervales forts & marqués, plûtôt disjoints, que diatoniques, & par des cordes de modulation & d'harmonie frappantes.

Etudiés la nature, voyez quelle variété, quels contraftes elle vous offre : là, c'eft un défert aride, borné par des rochers excarpés ;

féjour de ſilence & d'effroi.

Ici eſt une plaine agréable, des côteaux touffus, une prairie émaillée de fleurs & de verdure, où tout inſpire l'allégreſſe.

Ou bien repréſentez-vous les effets d'un orage, d'une tempête, un bruit ſouterrain, le ſifflement des vents, le ſoulevement des vagues de la mer, le bruit des eaux qui ſe mêle au bruit du tonnerre; que tout peigne le deſordre & le ravage que cauſe cette guerre paſſagere: mais le Soleil reparoît, le vent ceſſe, l'air devient calme & ſerein; les oiſeaux raſſurés, reviennent par leurs doux gazouillemens, annoncer la paix des Elémens.

Tranſportez-vous encore dans la Théologie Payenne, ou dans la Féerie: voyez Tyſiphone,

Alecton ; ces cruelles furies, le flambeau d'une main, un poignard de l'autre, prêtes à immoler à leur barbarie une victime innocente.

Voyez des monstres qui vomissent feu & flammes, un Palais qui s'embrase, qui s'écroule, un autre qui s'éleve. Minerve descend, & dissipe ce désordre : Jupiter, tout l'Olympe paroît à l'instant, & changent ces lieux d'horreur, en un séjour de gloire & de félicité. Enfin représentez-vous une sombre prison, qui fait place à d'agréables bosquets, à de rians bocages, un verd gazon, le murmure d'un ruisseau, des ramages d'oiseaux ; tout attire en foule, sylvains, faunes & satyres, bergers, paysans, pastres & bergeres, qui ne respirent que la joie

la plus vive, & l'envie de célé-
brer leur bonheur naturel. C'est
dans ces fêtes qu'il·faut se sentir
animé d'un feu plus que divin; il
est question alors de morceaux
d'effet, de délices, tels que nous
en avons tant de M. R***.

Airs, muzettes, gavottes * ;
tambourins, &c. chœurs mélo-
dieux, ariettes brillantes, naïves
chansonnettes ; tout dans ces instans voluptueux ne doit respirer
que la joie la plus vive, & l'idée
du bonheur le plus durable. C'est
à l'imagination à trouver toutes
ces choses ; à l'ame, au cœur de
les sentir ; au goût & à la raison
de les dicter.

Voulez-vous mieux que tous
ces conseils, lisez les Poëtes,

*Voyez le traité de la Danse, de M. de Ca-
huzac.

**F**

voyez les tableaux des fameux peintres, foyez attentif aux fêtes, aux fpectacles publics ; car tout ce qui vous environne doit être un objet mufical, que vous trouverez toujours à peindre par ces trois moyens, fentiment, expreffion, & effets : moyens que vous trouverez diverfement répandus dans les Ouvrages des *Lully, Campra, Deftouches, Rameau,* &c.

S'il s'agit de la Mufique Latine, confulter la *Lande, Mond.* L'un vous dictera pour l'expreffion, ce que l'autre vous enfeignera pour l'effet.

Pour la Mufique de Chambre, voyez *Clérambault, Baptiftain Mouret,* &c.

Si la Mufique purement Inftrumentale, parcourez fur-tout la

Musique \* Italienne : voyez Corelly, *Tartini, Locatelli, Ge. Vivaldi, Telleman, le Cl. Senaillier,*
les *Hasse, Pergolèse, Taradeglias,*
Iumelli.

\* Il y a dans cette Musique, outre l'Harmonie, telle que nous l'entendons, une harmonie cachée, qui provient du style, du pré-
cis de la mesure, & du bel ensemble des parties, dont nous n'approchons tout au plus que
dans la Musique Latine ; il semble, pourroit-
on dire, qu'il y ait dans leur musique un va-
peur acrienne, un je ne sçai quoi qu'on ne peut
exprimer, & dont je n'ai jamais tant ressenti
l'impression, qu'au concert appelé par excel-
lence, le concert Italien ( soit dit par éloge ):
ce concert me parut court, & ne me laissa au-
cuns vuides, tant par l'ensemble de l'exécution, que par le choix de la musique. On auroit
pu ne souhaiter que le violon qui fait l'ame
d'un concert, n'eut pas été borné à ne jouer
que des symphonies & des accompagnemens.
Il n'importe, le choix de la musique en total
en étoit précieux ; & , quoiqu'en chambre,
elle me parut faire tout son effet ; les traits,
l'expression, l'ensemble, tout, jusqu'à l'exécution, en étoit intéressant. Pourroit-on assurer
que la Musique Italienne, si favorable, si dé-

Les morceaux de tous ces grands Maitres en général, font des leçons vivantes qu'il ne faut étudier que pour en fentir toute la force & le Sublime, & même leurs foibleffes, s'il leur en échappe : & en prenant leur efprit, gardez-vous d'en être les copiftes ; c'eft un écueil qu'il faut avoir grand foin d'éviter.

Il eft bon de connoître le ton du fiecle, le goût du Public, de juger de ce qui lui plaît : mais en s'attachant au vrai

licieufe pour la chambre, fût plus propre au Théâtre que la nôtre. Je ne fçai au contraire, fi le trop de fimplicité & de lenteur qu'on nous reproche, défaut réel pour la chambre, ne feroit point un vrai genre de beauté pour le Théâtre. Comme je n'ai point été en Italie, je me garderai bien d'être garant de ce que j'avance ici, non plus que de quelqu'autres méprifes qui auroient pû m'échapper dans le courant de cet ouvrage.

beau , ( *a* ) dont le genre ne peut changer , les détails d'ornement nous prêteront toujours aſſez de quoi ſatisfaire aux variations des goûts.

---

## VÉRITÉ, PROPORTION,
### ET VARIÉTÉ EN MUSIQUE.

VErité en Muſique eſt un chant d'un ton ſi naturel , qu'on n'a rien à deſirer du côté de l'expreſſion , ou dont le tour ſimple (*b*) & naïf plaît même par ce ſeul caractere de ſimplicité.

(*a*) Voyez l'Eſprit des beaux Arts , de M. Eſteve.

(*b*) Cet air ſimple & ingénu eſt un talent dont on ne peut nous diſputer la ſupériorité. Cette aiſance , ce je ne ſçai quoi d'aimable , nous le poſſédons , au moins , autant en Muſique qu'en Poëſie.

F iij

Il est aussi des morceaux de
Musique purement instrumentale,
suivis avec tant de vérité, qu'ils
semblent suggérer des paroles,
des idées de passion, d'image ou
de peinture : telle me paroît être
la Musique de *Tartini*, vrai langage des Sons ; phrases musicales,
fondées sur la mélodie la plus
pure, & sur l'art de faire chanter
le violon. En effet, ses Concerto
font vraiment le triomphe de cet
instrument, qui semble alors dé-
clamer un beau discours, auquel
les autres parties ne paroissent
jointes que pour entretenir le ton
& la liaison des idées. Si les
*tutti* en étoient plus variés, soit
par des reprises plus vives, des
traits plus détachés, des cordes
d'harmonie plus frappantes, ces
Concerto ne pourroient manquer

de plaire plus généralement : mais
en tout, la Muſique de cet Auteur n'en eſt pas moins précieuſe
à ceux qui chériſſent aſſez le vrai
de l'inſtrument, pour faire abſ-
traction de tout ce qui ne fait
qu'augmentation de beautés.

Locatelli eſt moins original,
moins riche d'expreſſion & d'imagination ; mais plus gai & plus
riant : il pourroit plaire davantage ; & pour être varié, il n'en
conſerve pas moins un air naïf,
qui ſemble lui être naturel.

*Gem.* ſans être auſſi original,
ſemble tenir le milieu entre les
deux ; car on trouve également
l'homme de goût dans ſes Sonates, & le grand Artiſte dans ſes
Concerto.

A l'égard de *Le Cl.* conſervant
dans ſes Sonates le caractere na-

tionnal, à travers tous les traits dont il sçait embellir ce genre de Musique, on y découvre également la supériorité de son talent, dans l'art de composer, ou d'exécuter : double corde, choix des motifs, contrastes, variété des idées, l'art du dessus & de la Basse ; tout y annonce le Corelly de la France. Pour Senaillier, qui n'a pas peu de gloire de l'avoir précédé, ses Sonates simples & naïves seroient peut-être plus précieuses, s'il avoit moins cherché à en travailler les basses.

L'air de vérité, en Musique, consiste encore dans le local, dans le genre de sa destination ; c'est-à-dire, qu'une Musique de Théâtre ne doit point tenir, en général, de la Musique de concert, & encore moins de la Mufique d'Eglife, non plus que ces deux dernieres ne doivent tenir de la premiere.

La chanfonnette, l'air de table, doit avoir auffi fon air de vérité, fon caractere particulier.

Les pieces d'orgues ont une majefté qui les differe beaucoup des gentilleffes & du fémillant de nos pieces de clavecin. Quel tact délicat! quelle profondeur de talent, pour ne faire que ce qu'il faut, & convenablement!

Quel goût, pour n'infpirer dans la Mufique de Théâtre que les paffions les plus fortes, les images les plus vives, des tableaux frappans, & la volupté la plus délicieufe : faire enforte qu'un Opera foit un, entier; & que les genres qui conviennent à la Tragédie, au Ballet, ou à la

Paftorale, fe montrent toujours diftinctement dans l'un ou dans l'autre, fans que la fimplicité de cette derniere emprunte la magnificence de la Tragédie, ou le brillant du Ballet !

Quelle dignité, quelle force d'idées ne faut-il pas encore, pour n'infpirer dans la Mufique d'Eglife que cet efprit de ferveur, de vénération, de candeur, & de joie toujours fage ! Genre qu'il faut bien fe garder de confondre avec le brillant de la Mufique de chambre, ou la naïveté de la Mufique de table ; & encore moins avec le ton voluptueux du Théâtre.

Proportion en Mufique, c'eft l'art de donner à un morceau ( méchanifme à part ) la longueur convenable, de façon que le milieu réponde au commencement, à la fin, & qu'il soit varié sans sortir de son genre, ni de son caractere. C'est de cette perfection que dépend sur-tout l'esprit d'unité : * art précieux que nous possédons en tous arts généralement. Je craindrois cependant qu'à examiner des morceaux de Musique séparément, il parût que nous n'ayons qu'à force d'art, ce que les Italiens semblent avoir par abondance de génie.

Variété en Musique, consiste

---

* Comme nous ne voulons plus que des effets, des oppositions, des contrastes, l'élixir des choses, en un mot, il semble que cet esprit d'unité s'éloigne de façon à le perdre de vûe ; car il est à remarquer, que plus un sujet est tissu & composé, plus il est difficile d'y conserver cet esprit d'unité : au contraire, si le sujet est simple, il semble s'y trouver de lui-même ; & comment l'y retrouver, si nous bannissions l'esprit de gradation, dont il est inséparable ?

en ce qu'un morceau, outre qu'il doit être traité selon son genre, on doit encore y rencontrer de ces traits de beautés analogues dont il peut être enrichi; ce qui le rend bien plus vif & plus intéressant, que s'il étoit traité d'une maniere simple & uniforme. Ce genre est la pierre de touche du génie, & c'est le point où nous en sommes aujourd'hui. Jadis l'homme de talent, guidé par le sentiment & l'instinct, laissoit couler sa plume, & l'idée de détail ne l'arrêtoit pas au moment de l'inspiration; mais l'auditeur aguerri, devenu difficile à force d'avoir trop entendu, ne se contente plus de la seule expression; il lui faut des traits, de la saillie; ce qui dans l'aurore de la Musique paroissoit très-vif & très-piquant, n'a plus qu'un air monotone, au prix de ce qu'on croit devoir exiger aujourd'hui, & tel qui eut fait trente Opéra ; n'en donneroit à préfent que trois ou quatre, avec grande difficulté.

Peut-être que la nature, jaloufe de fes droits, commence par épuifer notre inftinct, & ne nous laiffe plus enfuite que l'efprit & les connoiffances : foible reffource, lorfque nous n'avons plus que cet aiguillon pour moteur de nos penfées. Le cœur eft le fentier de la volupté, lorfqu'il parle, l'efprit eft toujours éloquent ; & s'il eft muet, nous parlerons en vain. Les fens ne connoiffent vrayement de plaifir, que celui qui leur eft préfenté des mains de la nature : tout ce qui leur vient d'une autre fource eft étranger pour eux , ils y font infenfibles.

Mais , s'il eft vrai que les arts
tendent toujours à leur perfection , & que le génie nous fournit
à proportion des connoiffances
acquifes , il eft donc vrai auffi
qu'il ne faut pas feulement une
Mufique d'expreffion , mais encore variée dans fon expreffion
même ; foit par la modulation ,
par les cordes d'harmonie ; foit
par le tour du chant , par le ftyle
ou la facture ; foit enfin par les
morceaux pris féparément , comme par l'enfemble & le total d'un
ouvrage.

Si notre Langue nous porte à
une belle expreffion , fimple ,
touchante & ingénue, dictée par
le fentiment ; elle nous éloigne
bien autant de cet efprit de variété , auquel fe prête fi aifément

la Langue Italienne. Ce n'eſt
donc que par un goût exquis, &
une connoiſſance profonde de
l'art, qu'on peut allier ces deux
beautés oppoſées. Peut-être pou-
vons-nous y aſpirer dans le genre
noble, galant & familier ; mais à
l'égard du comique, ou bouffon,
autant nous ſommes ſupérieurs
aux Italiens en ce genre de Poëſie,
autant nous leur ſommes infé-
rieurs, en fait de Muſique de ce
même genre. Laiſſons aux Italiens le genre pantomime, ils en
ſont en poſſeſſion par droit de
nature : le geſte, le ton de voix,
la prononciation, tout parle chez
eux en faveur de ce genre. D'ailleurs, ils ont un pittoreſque, un
ſel, une fineſſe qui leur ſied ; ils
ſont plaiſans dans la choſe même :
à peine en avons-nous l'appa-

rence , nous dont le chant eſt ſérieux dans les inſtans même les
plus gais. A l'égard de la variété
en Muſique , nous ne l'avons ac-
quiſe , je crois , qu'en cultivant la
Muſique Italienne : nous ne pouvons donc mieux faire , que de
ſuivre cette même route.

## DU CONTREPOINT,
### OU DE LA FUGUE.

LE Contrepoint eſt comme la
peinture ſur verre , c'eſt un art
perdu , dont on cherche en vain
les regles , ſans pouvoir les retrouver. C'eſt cependant au génie
du contrepoint que nous devons
nos inſtitutions muſicales ; l'art de
compoſer à pluſieurs parties , ſyſtême fort différent , & ſupérieur

par

par conséquent à celui des Grecs
anciens & modernes, & de tous
les autres peuples du Levant.

Peu-à-peu l'aurore du bon goût
venant à paroître, à éclipsé ce
goût Gothique, pour ne pas dire
grotesque. Ce goût s'est cependant conservé dans nos Eglises,
où le vaste espace d'où nous entendons cette masse musicale, en
laissant perdre dans le lointain la
lourdeur de ce chant grossier,
nous le fait entendre avec une
sorte de plaisir. Ce genre a ses
beautés, si l'on peut dire, même
précieuses : & si chaque siecle a
son genre de beautés, on peut
dire que le Plainchant, Faux-
bourdon, Contrepoint, a eu dans
son origine un lustre, où nous ne
pourrions atteindre à présent. Les
chants de la *Préface*, du *Pange*

G

*lingua*, du *Dies iræ*, &c, nous en font une bonne preuve.

C'eſt ſur ce Plainchant qu'a été formé le Contrepoint ; on le diſtinguoit en pluſieurs ſortes, ſimple, compoſé & figuré. Le premier, c'eſt le chant qu'on ajoute ſur les Pſeaumes ; ou ce qu'on appelle Fauxbour-don.

Le Contrepoint, compoſé ou figuré, ſe compoſoit de deux fa-çons : on mettoit le ſujet du Plain-chant, au deſſus, ou à la baſſe ; dans les commencemens, on ne faiſoit que des tierces, des quin-tes & des octaves, pour toute har-monie ; mais les progreſſions, ou plutôt, la modulation en étoit ſi for-te, ſi riche, & ſi variée, ſans preſ-qu'aucune teinte de dominante, ni de note ſenſible, que cette beauté

de modulation tenoit lieu de tout.
Nous avons encore d'anciens Can-
tiques, qui ne font fufceptibles
que de ce genre d'harmonie; c'eft
ce que j'ai expérimenté, & les
modulations diatoniques font la
clef de ce vieux ftyle : modulation
qui conferve à ce genre un caractere franc & hardi ; caractere tout-
à-fait différent du nôtre, ce qui
mérite attention.

Dans le Contrepoint figuré, on
fe permit par la fuite de faire ufage
des diffonances fimples, comme
$2^e$, $4^e$, $7^e$, $9^e$; mais on regardoit
comme impropre à ce genre les
diffonances diminuées & fuper-
flues.

Le grand art du tiffu de cette
Mufique, confiftoit à commencer les parties, après le chant
donné par la Fugue, la Contre-

fugue, ou la réponse ; & dans le
courant du morceau, à répandre
ce genre d'imitation de quatre en
quatre mesures, autant que faire
se pouvoit.

Dans les Musiques particu-
lieres, comme Messes, Motets,
&c, peu à peu ce genre devint
plus arrondi, moins roide, plus
moëlleux, plus léger ; enfin plus
chantant. Si on faisoit des morceaux par Fugues, ils étoient en-
trelassés de morceaux de chants,
& ces Fugues devinrent elles-
mêmes plus riantes, par les images agréables, & les traits brillans
qu'on parvint à y sçavoir répandre : de plus, le motif d'une Fugue n'étoit goûté qu'autant qu'il
étoit nerveux, & animé de ce
feu, qu'on appelle enthousiasme,
& c'est de quoi *Corelly* & *La-*

*landes* nous font garans. Partout ailleurs on mépriseroit ce genre de Musique; & on fait grand cas de ce qui eſt ſorti de la plume de ces deux grands hommes, parce qu'ils ont égayé ce genre ſérieux des graces du chant, & l'ont animé de traits nobles & éclatans. Chez eux c'eſt toujours Raphaël qui peint avec grandeur, & ſur un ton noble & ſérieux; mais avec toutes les graces de la belle nature, & la correction la plus exacte.

Quoi qu'on en diſe, la Muſique la plus riante & la plus vive tient, ſans qu'on s'en apperçoive, à ce genre de muſique. Dans des Trios, on entend des traits de chant qui ſe répondent; ce ſont différentes phraſes qui forment un dialogue. A la différence près que les idées font plus riantes, ce n'eſt autre choſe que des imitations ſucceſſives : la tournure en eſt différente ; mais dans le fond le genre eſt le même. Ce ſont plu-ſieurs figures qui forment un ta-bleau ; le mérite conſiſte dans le choix des caracteres.

Enfin, on ne fait cas des Fu-gues, qu'autant quelles ſont for-mées de ces traits de feu, qui par-tent proprement de l'imagina-tion ; & dans le cas qu'on y ajoute des paroles, ce ne doit être qu'au-tant qu'elles ſont expreſſion. La plus belle ouverture d'*Handel* eſt une Fugue ; *Scarlatti* en a répan-du d'agréables dans ſes pieces de claveçin : encore une fois, il eſt inconteſtable que la Fugue eſt l'origine de notre Muſique, & d'un genre très-d'accord avec le bon goût. C'est un Colosse, c'est l'Hercule Farneze, toujours beau de tel côté qu'on l'envisage : mais, quelle hardiesse, quel goût, pour donner le coup de cizeau à propos !

---

## DES GENRES EN MUSIQUE.

NOus avons Musique de Théâtre, Musique de chambre, & Musique de table. Ce sont trois genres que nous sçavons très-bien distinguer ; & nous convenons même que tel qui seroit très-propre à l'un, soit pour la composition, ou pour l'exécution, seroit fort ridicule dans un autre. Cependant il nous arrive de confondre ces genres par l'usage. Nous exécutons des Opéra en

en chambre : on chante à table
de ces fortes d'airs ; & pour nos
Théâtres, nous composons auffi
des airs, qui ne devroient être
réfervés qu'à nos amufemens de
fociété. Nous n'avons, je crois,
pour garant de cet ufage, que le
motif de nos plaifirs : le plaifir
connoît-il la raifon ?

\* Les anciens Grecs ne pen-
foient pas ainfi. Tous les genres
étoient diftincts, non-feulement
par les inftitutions, par le caractere, mais même encore par l'u-
fage. Tel genre de Mufique con-
facré à l'héroïque, ne defcendoit
jamais aux amufemens particuliers, non plus que les chanfon-
nettes n'avilifloient pas de leur
petitefle la grandeur du chant

\* Voyez les Mémoires de M. Burette, fur la
Mufique ancienne.

héroïque. La raison de cette différence est bien simple. Le discernement des Grecs, leur jugement
étoit celui de toute la Nation
réunie, qui venoit en foule cher-
cher le plaisir dans un esprit d'admiration pour les belles choses,
capables de les toucher, ou d'in-
dignation, pour qui avoit le mal-
heur de lui déplaire. Parmi nous,
c'est tout l'opposé : ce sont quelques particuliers qui viennent s'as-
sembler à nos Théâtres, avec un
esprit d'amusement à peu près le
même que dans nos sociétés ; le
même génie, que les Grecs, nous
inspire, même avec un goût plus
épuré ; mais ce n'est pas avec
cette vigueur, cette franchise &
cette hardiesse naturelles au génie populaire.

Joint à ce qu'ici, plus que partout ailleurs, le jugement des femmes prévaut souvent sur les lumieres des connoisseurs : le sexe n'est que trop aimable dans ses goûts, & ce qui lui plaît, peut même se promettre un succès assuré ; mais elles ne sont pas toujours amies des grandes beautés de l'art ; & tel connoisseur qui s'y plairoit, les fuit par complaisance : pour moi, je ne crois de bon jugement, que celui qui part de notre propre fonds.

Ce n'est pas que nous n'ayons parmi nous nombre de gens de très-bon goût, & d'un jugement sain & délicat : mais tel est l'esprit national, de ne juger que par les seules sensations, & de vouloir trouver partout un air d'aisance & d'amusement, que nous respirons comme on respire un air natal.

Il est vrai que la sensation est le. moteur de nos jugemens ; le cœur, qui en est le mobile, ne s'y trompe gueres : la premiere impression faite, le jugement est prononcé, c'est un arrêt irrévocable : mais à ces premiers effets, ne peut-on pas ajouter tant d'autres genres de beautés, qui suffisent à peine à la bizarrerie de nos humeurs, de notre âge, & de notre état ?

Courtisan, citoyen, paysan, jeune homme, vieillard, âge mûr, autant de jugemens différens : encore, quel tact prompt, délicat ! quelles lumieres ! quelle expérience, avant d'acquérir ce jugement sain, qui nous fait distinguer le médiocre du bon, ce dernier du sublime, & enfin décider par nos propres lumieres !

Vous avez acquis ce talent ;
cela eft on ne peut mieux : il arrive une cataftrophe , le goût
change , il faut changer vous même
me , ou vous réfoudre à vous mor-
fondre , pefter , crier contre le
mauvais goût du fiecle. Vous au-
rez beau vous écrier : de mon
temps ? de mon tems ? on vous
laiffera dire , & les chofes n'en
iront pas moins leur cours.

N'a-t'on pas vu paffer fucceffi-
vement le goût de *Lully* à celui
de R***, & ce dernier s'éclipfer
pour un moment à la vue des
bouffons ? Ces genres n'ont-ils
pas commencé par effuyer des
difficultés ? A-t'on diftingué d'a-
bord leurs vraies beautés ? Me
dira-ton à préfent qu'il n'eft queftion que de juger du mérite des
chofes par la premiere impref-

sion ? Par cette seule opinion , nul progrès dans les arts , au moins quant à certains genres de beautés. Cet instinct , ou pour mieux dire , ces sensations nous tromperoient donc souvent, si elles ne sont guidées par les lumieres de l'esprit, & par des connoissances solides : réflexion qui doit nous garantir de porter nos jugemens avec trop de promptitude.

En faveur de nos disputes, je me flatte qu'on voudra bien me passer cette digression.

Nous avons deux Ecoles en Musique, je veux dire maniere ou style, celui de *Lully* & de R*** : voyons en quoi ils se rapprochent , & en quoi ils different l'un de l'autre.

Comme je me crois obligé de

dire ici ce que je pense, le Public
à qui ceci s'adresse, me dispensera
d'une idolâtrie aveugle. Si on a
critiqué les plus belles pieces de
Corneille, n'osera-t'on parler du
meilleur de nos Musiciens ?

Autant Lully est rempli d'ame
& d'action dans sa déclamation,
& dans beaucoup de morceaux
de caractere, autant ses chœurs
sont nuds, ses symphonies & ses
fêtes sont froides & peu intéres-
santes ; ce qui répand dans le total de ses Opéra, un sombre, ou
pour mieux dire un silence, dont
les Opéra de R*** nous ont fait
appercevoir. Il est vrai que ce
grand homme, à travers sa simpli-
cité, a de grandes beautés d'expression, & conserve toujours à
chaque genre le caractere qui lui
convient, il semble que la belle

nature se plaise à se montrer uniquement par les traits de son génie. R***, plus chaud, plus animé, dans ses airs, dans ses fêtes, rempli d'esprit & d'agrément, déployant toutes les ressources de l'art, semble avoir de trop, de ce que l'autre n'a pas assez. Il n'importe, le coup n'en est pas moins porté ; je doute qu'on en revienne. A peine les hommes sont-ils constans dans le même plaisir : comment leur faire oublier un attrait qu'ils ont une fois connu ? On aura beau se sentir porté d'admiration pour Lully, on voudra de l'amusement ; où en trouver, sans variété ? Il étoit un moyen ; c'étoit de conserver les Scenes, & quelques autres morceaux précieux de ses ouvrages, retranchant d'ailleurs tout ce qui n'est

pas de l'action du Poëme ; ajouter d'une même main les airs , les
chants & les fêtes : & pour dire ,
en un mot , refaire tous les ornemens de ce bâtiment , qui ne
montre qu'un beau fonds d'archi-
tecture , dont tous les dehors paroissent négligés. Peut-être vaudroit-il mieux le refaire tout en
entier , ce qui ne paroît pas poffible , vu que cet Auteur est encore trop récent pour les ama-
teurs de son tems. A la bonne
heur dans vingt ou trente années
d'ici , que l'art aura fait les progrès nécessaires , il pourra se trouver quelque génie assez vigoureux pour une telle entreprise.

On croiroit peut-être qu'il seroit mieux de n'ajoûter que quelques airs du même genre , ce qui
paroîtroit plus sage : mais non ,

on

on ne s'y amuseroit pas davantage ;
on voudroit au contraire qu'il y
eût dans le total un air neuf, &
dans le ton du siecle. Je souhaite
que dorénavant le succès de ses
Opéra acheve de me prouver
mon insuffisance. Sans doute qu'on
aura des acteurs tels qu'il en étoit
du tems de Lully ; on refondra
aussi le génie de la Nation, en lui
donnant la même façon de pen-
ser quelle avoit de ce tems-là.
J'avois tenté l'aventure, par l'O-
pera de Thesée : *. les secours

* On sçait que M. le Marquis de Stainville
a eu la bonté de se charger de l'exécution de
mon Opéra, avec cette grandeur, & cette générosité si naturelle aux Seigneurs de sa condi-
tion, qui aiment & protégent les arts. Qu'il
me soit aussi permis d'avouer ici les obliga-
tions que j'ai, en cette occasion, à M*** :
c'est à son zele officieux que je dois la protec-
tion dont M. le Marquis de Stainville, & M.
le Comte de Bissy ont cru pouvoir honorer un
jeune Artiste.

l'exécution, tout s'est présenté
au-delà de mes espérances : on
parut satisfait des fêtes & des airs
de simple agrément ; aveu que je
ne dois prendre que comme un
motif d'émulation ; mais les morceaux les plus essentiels n'ayant
pu être entendus, faute de l'exécution, on aura eu lieu de me re-
garder peut-être comme un homme d'un talent médiocre. De
plus, le Récitatif de ma façon,
que j'ai mal à propos mêlé à celui de Lully , aura pu aussi me
faire croire mal-habile en ce
genre. En pouvoit-il être autrement ? Un jeune Auteur lutter
contre un homme d'une réputa-
tion d'un demi-siécle : c'étoit proprement le combat d'un Pygmée
contre un Géant. Il n'importe :
quand mon amour propre en au-

roit dû ſouffrir davantage, peut-
on payer trop cher les lumiéres
qu'on acquiert par l'expérience ?
Tel étoit mon deſſein, ce dont je
prie mes juges d'être perſuadés.
J'en eſtime autant Lully, & penſe
de même qu'auparavant.

Si l'Auteur d'Hippolyte & Aricie ( talent à part ) n'eut pu parvenir à mieux faire exécuter ſon
Opéra, on auroit perdu cet ouvrage & tant d'autres, qui ſont
ſortis de cette plume ſçavante.
Que ne lui a-t'on pas dit ? Que
n'a-t'il pas eſſuyé, pour réſiſter au
torrent ? Il a tenu bon, c'eſt le
parti que doit prendre tout homme qui ſent juſqu'à quel point on
doit reſpecter le goût du Public :
c'eſt auſſi ce que je penſe. Si je
n'ai point de talent, le Public n'y

perdra rien. Si par aventure j'en
avois, il ne pourroit qu'y gagner
beaucoup.

---

## DU CHANT, ET DE LA MUSIQUE
### EN GÉNÉRAL.

LA Musique est pour l'ouïe, ce
que la peinture est pour les yeux.
Elle doit intéresser l'auditeur, at-
tirer son attention, en lui retra-
çant l'idée de ses perceptions, en
variant le tableau : tantôt passer
du sentiment des passions aux
images physiques de la nature :
tantôt du genre noble au genre
familier ; du ton pathétique, au
ton gai ; du genre sérieux, au
genre brillant ; de façon que ces
mouvemens successifs venant à
passer de l'imagination au cœur,

& du cœur à l'esprit, l'ame ainsi
entretenue dans cette douce agi-
tation, ses facultés ne puissent
manquer de se plaire dans un état
où la variété sert d'aliment à ses
plaisirs : car , pour peu qu'il y ait
d'inaction , l'ame se distrait , le
dégoût prend , le plaisir disparoît ;
tout cesse , faute de mouvement.

Telle est la carriere épineuse
que doivent remplir les arts , &
sur-tout la Musique , dont les effets étant plus prompts , plus pas-
sagers , doivent être plus riches
& plus variés. La Musique peut
remplir cet objet par la voix , ou
par les instrumens. On peut dire
que le chant tient ses beautés de
la nature, comme de la premiere
main , & que la symphonie ne
les a qu'en second. Le chant est la
nature même , dont la symphonie

n'eſt qu'une foible imitation. La
voix eſt le mobile du chant ; je
la ſuppoſe auſſi belle qu'on la
puiſſe déſirer : le grand art du
chant ne conſiſte pas tant à faire
brillèr la voix, qu'à donner aux
ſons une ame, des inflexions, un
caractere convenable au ſujet.
Car ne chanter que pour la voix,
c'eſt ne parler qu'à l'ouie ; mais
nuancer le ſon de la voix du foible
au fort, y répandre un caractere
triſte ou gai, ſombre oū véhé-
ment, ajouter les inflexions, les
agrémens convenables aux diver-
ſes expreſſions, augmenter ces
beautés par l'enſemble du geſte ;
de façon que l'auditeur reçoive
l'impreſſion du ſujet, à ne le prendre que pour ce qu'il doit être.
Voilà, je crois, le vrai art du chant ;
autrement ce ſont des ſons qui

flattent l'ouïe agréablement, ſans
parvenir juſqu'à l'ame ; ce n'eſt
plus cette illuſion , cet enthou-
ſiaſme , dont pluſieurs de nos Or-
phées nous ont fait preſſentir , juſqu'où pouvoit aller l'art divin d'é-
mouvoir, de ravir les ſens. M^{lle} L.
M. ne ſe fait-elle pas autant admi-
rer par la belle déclamation , &
par l'action, le geſte , & la grande
expreſſion de ſon chant , que par
la voix la plus mélodieuſe qu'on
ait jamais entendue.

   M^r. Ch. ſaiſit, avec tout le talent
poſſible , les nuances des différens caracteres de la Scene; il ſait
prendre un ton convenable , ſe-
lon les paſſions tendres ou véhé-
mentes: mais ſur-tout cela, il paroît inimitable dans l'art du geſte ;
c'eſt un Sultan , un Roi, un Héros tendre , paſſionné , furieux ;

c'est Roland, Hercule, Poliphê-
me ; c'est même un berger, qui
tient la houlette avec autant de
grace , qu'il remue avec une noble fureur la maſſuë d'Hercule.
Juſques-là , toutes les reſſources
du chant tendent encore à ſe faire
connoître. Mais Mr. J. force, pour
la premiere fois , le chant François à déployer toutes ſes beautés : on s'apperçoit qu'il y a un
*piano* , un *dolce* , & un *forte* dans
la Muſique. En effet, quelle grace,
quelle variété , quel brillant , ce
nouvel Apollon répand dans l'A-
riette ! genre dont on peut le dire
comme le créateur , par les beautés qu'il ajoute aux penſées du
Compoſiteur, & que le Public
émerveillé écoute toujours avec
un nouveau plaiſir.

On oublie en ce moment les

Bouffons, les intermedes, tous
les Caſtrati de l'Italie ; parce qu'en
retrouvant le même brillant, on
le voit ſoutenu d'un ton de nobleſſe, de naïveté, & d'une grace
particuliere à la Nation.

Car, qu'on y faſſe attention, ſi les
Italiens ont un art infini dans leur
chant, des nuances ſubtiles, vives
& délicates, que M^lle F. & M^r. J.
ſçavent imiter, quand il leur plaît ;
il leur manque, aux Italiens, un air
de nobleſſe & de vérité, ou plutôt on démêle à la longue un ton
pantomime dans le caractere de la
Muſique, & la façon de la chanter,
qui dégrade dans l'eſprit d'un con-
noiſſeur toutes ces beautés raviſ-
ſantes. Si nous n'excellons pas autant qu'eux dans toutes les parties
muſicales, nous chantons plus
ſimplement, & d'un ton plus voi-

fin de la nature. Les Italiens ont
beau dire, un François capable de
porter la parole, ou qui fçait dé-
clamer, ou feulement chanter ca-
valierement, a cent fois plus de
graces que les autres peuples de
l'Europe; c'eft un enfemble, une
harmonie où ils n'arriveront jamais. Quelle aifance, quel naturel! Ce n'eft pas un pigeon, un
roffignol; ce n'eft pas un taureau;
c'eft un homme qui parle fimple-
ment le langage des Dieux. En
convenant des beautés particu-
lieres à la Mufique Italienne, s'il
en eft d'un genre propre à notre
Langue, nous faurons aifément
les faifir, & les placer avec goût.
C'eft un talent particulier aux
François, & qui équivaut bien
aux reffources d'imagination,
dont le défordre voifine fouvent

au trivial & à l'extravagance. Un
Musicien Italien monte sa lyre , à
peu près sur l'ame des paroles ;
après cela , va comme tu pourras,
il faut de la modulation, des roulades à perte de vue. Vous y
eussiez mis d'autres paroles , ou
n'y en eut-il point, que l'air feroit tout aussi bien.

Nous avons une Musique, &
le goût, qui nous suit pas à pas,
sçaura nous garantir de pareilles
extravagances. Le chant est parmi
nous la pierre de touche de la
belle prononciation, le langage
des Dieux & la volupté de l'ame.
Quand il exprime bien ce que
l'on dit, elle en savoure les délices ; il n'est fait que pour elle :
l'esprit n'a rien à dévorer ; on peut
la ravir ou l'instruire , elle est toujours prête à ressentir toutes les

impreſſions & les ſentimens dont
la nature l'a douée.

Voudroit-on que nous euſ-
ſions une Muſique Italienne ſur
des paroles Françoiſes? c'eſt pro-
poſer une Muſique Françoiſe ſur
des paroles Italiennes: perſonne,
je crois, n'imagine une pareille
métamorphoſe. Il nous faut une
Muſique naturelle, telle que notre
Langue & notre caractere nous la
ſuggere. Tous les peuples de
l'Europe, dira-t'on, s'accordent
ſur la préſéance à la Muſique Italienne; à la bonne heure, ils le
ſentent ainſi, & nous différem-
ment qu'eux; ou plutôt, c'eſt parce que leur langue ne préte pas à
l'accent muſical.

D'ailleurs, il faut conſidérer
qu'un Pariſien ne voit pas les
choſes avec la même vivacité

qu'un Provençal, & ce dernier, qu'un Italien : d'où il résulte qu'un Italien, dont l'imagination est beaucoup plus vive, ne doit voir dans notre Musique, que monotonie & lenteur. Le François, au contraire, qui voit les choses avec plus de raison & de sang froid, ne doit trouver que folie, & qu'un genre outré dans la Musique Italienne. Tous les deux auront également tort de juger par comparaison ; mais il feront bientôt d'accord, lorsqu'ils jugeront séparément, & qu'ils conviendront qu'une Nation diffère autant d'une autre, par ses plaisirs & ses amusemens, que par son langage, ses mœurs & ses habillemens.

Nous ne sommes venus, * ( dit

_____
* Mélanges de Littérature, ch. XXXI.

M. de Voltaire ) les Anglois &
nous, qu'après les Italiens, qui
en tout ont été nos Maîtres, &
que nous avons surpassés en quelques choses. Je ne sçai à la quelle
des trois Nations il faudra donner
la préférence; mais heureux celui
qui sçait sentir leurs différens mé-
rites, & qui n'a point la sotise de
n'aimer que ce qui vient de son
pays.

**F I N.**

# TABLE

## DES ARTICLES.

# TABLE DES ARTICLES.

*Fin de la Table.*

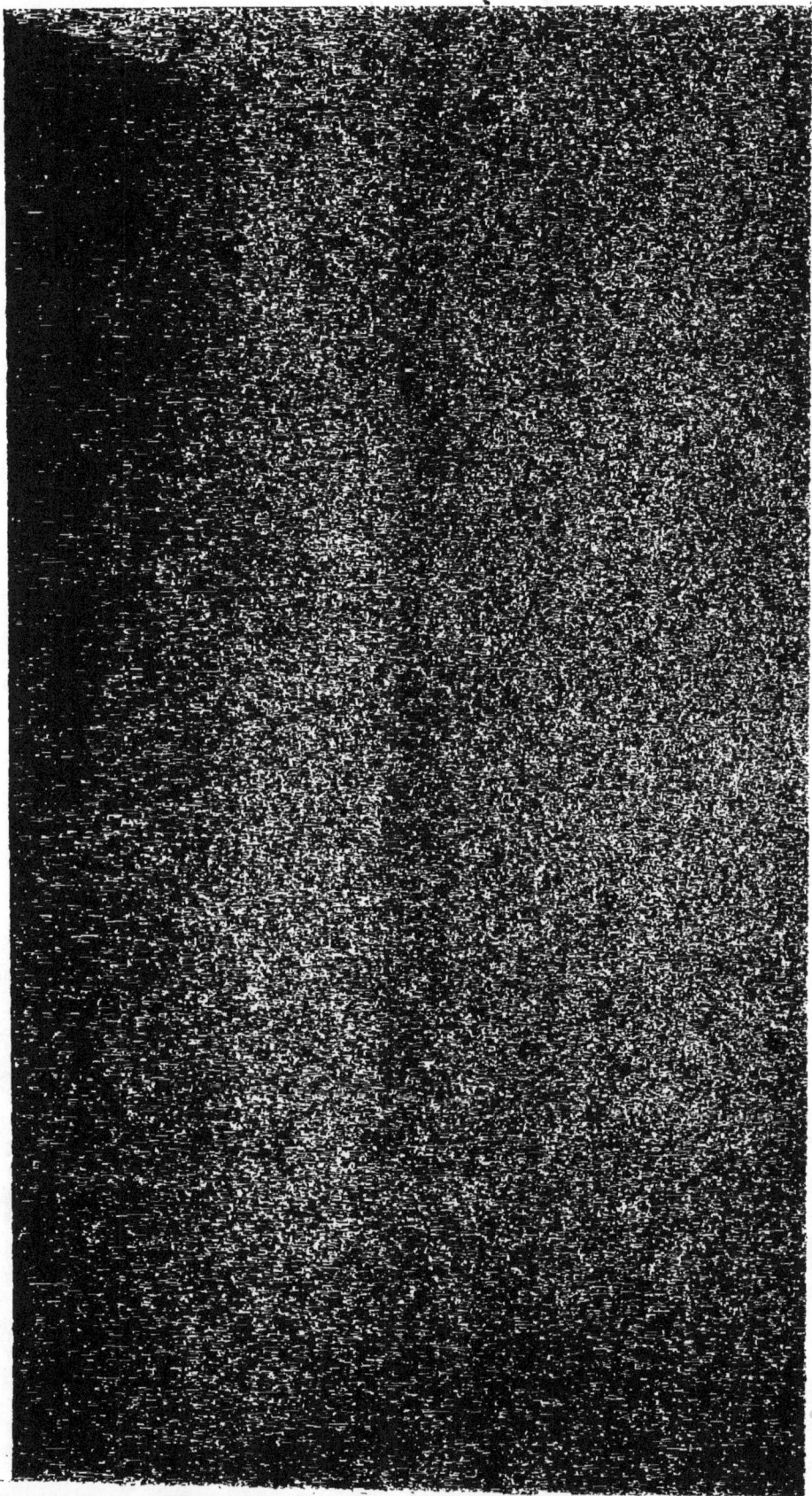